Elogios para *Las cinco leyes que determinan los resultados en tu vida*

"*Las cinco leyes que determinan los resultados en tu vida* te prepara para ganar, enseñándote cómo ser mejor, romper con patrones negativos y crear un creciente impulso. Sin duda, tus comportamientos predicen tu futuro, y el método de adentro hacia afuera de Brett te encaminará al éxito".

—Stephen M. R. Covey,
autor del éxito en ventas en el listado de *The New York Times,*
The Speed of Trust

"Brett tiene una misteriosa habilidad para conectar los comportamientos de las personas con sus resultados. El libro de *Las cinco leyes que determinan los resultados en tu vida* ofrece increíbles perspectivas acerca de por qué las personas tienen éxito o fracaso. Además, proporciona formas prácticas de acelerar el éxito".

—William F. Farley,
Ex-Director Ejecutivo de Fruit of the Loom

"El éxito es predecible si conoces las cinco leyes que lo determinan. Toma este libro y apréndelas, vívelas y saca provecho de ellas, ¡AHORA!".

—Dr. Joe Vitale,
autor de *The Attractor Factor* www.mrfire.com

"*Las cinco leyes que determinan los resultados en tu vida* de Brett Harward es una lectura obligada para todo el que esté aburrido de lo ordinario y lo común. No solo da ejemplos de cómo alcanzar el éxito, sino que también enseña a los triunfadores a tener más éxito. *Las cinco leyes* las resumiría en estas cinco palabras: brillante, profundo, inspirador, directo y poderoso".

—Kirk Harpole,
Presidente de AllMakes Masonry, Inc.

"Siendo un ejecutivo que trabajaba con proveedores dentales de todo el país, de inmediato vi el impacto práctico de *Las cinco leyes que determinan los resultados en tu vida* no solo en mi negocio, sino también en todas las personas con quienes trabajo. Este libro está lleno de perspectivas que dan claridad a un entorno de trabajo donde cualquier profesional puede experimentar de inmediato resultados personales y financieros".

—Andrew Eberhardt,
VicePresidente de *Dental Patient Care America*

"Para mí, los conceptos de Brett respecto a la vida y los negocios son extraordinarios. Cada vez que pongo en práctica algo que haya aprendido de él, cambia por completo lo que estoy haciendo y lo hace más fácil, más placentero y más satisfactorio para todos los involucrados. Los principios de este libro están cambiando mi vida, y la están haciendo mejor en todos los aspectos".

—Brenton M. Ripley,
Abogado litigante

"He tenido la gran fortuna, no solamente de leer el nuevo libro de Brett Harward, *Las cinco leyes que determinan los resultados en tu vida*, sino también de experimentar su experticia en entrenamiento personal. Tanto por escrito como en persona, Brett es una de esas personas poco comunes que de verdad practica lo que predica. *Las cinco leyes que determinan los resultados en tu vida* está lleno de ejemplos reales sobre cómo estas leyes que Brett ha recopilado a lo largo de sus muchos años como empresario y entrenador de desarrollo personal y ejecutivo son el núcleo de lo que crea éxito en la vida, no solo en lo financiero, sino también en lo emocional. ¡Esta es una lectura obligada para estos tiempos de tantas oportunidades en nuestro planeta!".

—Steven Wand,
Coautor de *Living the Heart Life... Letting Go of the Hard Life*

"Brett es un maestro y entrenador genial. Sus ideas son profundas, divertidas y fuera de lo común. Me reí muco a lo largo de este libro, porque me veía a mí mismo haciendo exactamente lo que él menciona en sus ejemplos. Lo mejor de todo es que verás la vida diferente, en un sentido positivo, tan pronto leas este libro".

—Mike Petroff,
Ejecutivo de Cuenta de Alto Nivel en *Omniture*

"Mi empresa y mis utilidades han crecido a grandes pasos desde que comencé a practicar las ideas de Brett en mi negocio y en mi manera de relacionarme con los demás. Él tiene perspectivas prácticas y útiles que no se quedan solo en la teoría".

—Alan Johnson,
Presidente de, IMS

"Brett vino a mi empresa hace cuatro años haciendo grandes promesas... e hizo exactamente lo que dijo que iba a hacer. La mejor experiencia en los negocios que haya tenido jamás. Un par de años después, mi esposa y yo asistimos a uno de sus talleres de desarrollo personal. ¡VAYA! Los conceptos que él comparte en *Las cinco leyes que determinan los resultados en tu vida* funcionan".

—Shawn Atkinson,
Presidente de AKI Industries

"Cada mes, Brett entra a nuestra sala de entrenamiento para nuestra organización sin fines de lucro y hace que todos los presentes no se pierdan ninguna de sus palabras. Su estilo es directo, honesto y contundente. De primera mano, puedo ver el milagro que ocurre cuando a otras personas se les presentan diferentes opciones cuando están estancadas en la vida. ¡Urra! porque Brett finalmente escribió un libro".

—**Pamela Orvis,**
Directora Ejecutiva de The Great Life Foundation

"El estilo de sentido común que Brett Harward tiene respecto a las leyes básicas para el éxito resulta refrescante, profundo y proactivo. Los principios son simples pero poderosos. *Las cinco leyes que determinan los resultados en tu vida* es una lectura obligada para todos los que deseen sobresalir en los negocios y en la vida".

—**McKinley Oswald,**
Propietario de Sound Concepts

"¡Este libro es excelente! Los principios son frescos y no puras trivialidades. Los profesionales financieros con los que trabajamos se beneficiarían mucho de los principios que ensena *Las cinco leyes que determinan los resultados en tu vida*".

—**Lyn Fisher,**
Director Ejecutivo de Financial Forum, Inc.

"No tenía idea de en qué me estaba metiendo hace un año y medio cuando fui a uno de los cursos de Brett. Fui junto con mi esposa y estaba escéptico. Brett fue justo al grano. Aprendimos formas del todo nuevas para comunicarnos entre nosotros. Esto salvó nuestro matrimonio. Sobra decir que somos grandes fanáticos de sus talleres y de su libro. Lo que él dice funciona".

—**Brandon Pehrson,**
desarrollador de bienes raíces

"¡El libro de Brett Harward sobre *Las cinco leyes que determinan los resultados en tu vida* es fantástico! Trae principios sencillos, pero profundos y naturales a tu vida diaria, la cual es el marco de cómo pasas de sobrevivir en la vida a prosperar y triunfar. Me encantan los relatos metafóricos que traen las leyes a la luz, y las piedras de toque personales a las que se refiere en su propio peregrinaje. Brett practica lo que enseña y es una poderosa publicidad para su propio mensaje a medida que prospera y tiene éxito en su vida en todos los niveles, ya que se compromete a fondo con mostrar el camino para que otros hagan lo mismo. Gracias Brett por finalmente compartir tu sabiduría en un libro, ¡qué regalo para el mundo!".

—Cynthia Wand,
Coautor de *Living the HeartLife... Letting go of the Hard Life*

"He tenido otros entrenadores, pero nunca soñé con estar donde estoy ahora... hasta que Brett me enseñó sobre visión y frecuencia. Él ha sido un asesor clave tanto desde una perspectiva de negocios como personal y confío a plenitud en sus conceptos. Sin él, no estaría experimentando mis niveles de éxito".

—Jim Weddington,
JP Electric

LAS CINCO LEYES

QUE DETERMINAN LOS RESULTADOS EN TU VIDA

BRETT HARWARD

TALLER DEL ÉXITO

Publicado por:
Taller del Éxito, Inc.
1669 N.W. 144 Terrace, Suite 210
Sunrise, Florida 33323
Estados Unidos
www.tallerdelexito.com

Editorial dedicada a la difusión de libros y audiolibros de desarrollo y crecimiento personal, liderazgo y motivación.
Diseño de carátula y diagramación: Giselle Selva Rodríguez
Traducción: Eduardo Nieto
Corrección de estilo: Diana Catalina Hernández

ISBN 10: 1-607384-17-5
ISBN 13: 978-1-60738-417-5

Printed in the United States of America
Impreso en Estados Unidos

18 19 20 21 22 RIUH 07 06 05 04 03

Contenido

La primera Ley
LA LEY DE LA VISIÓN

La segunda Ley
LA LEY DE LA FRECUENCIA

La tercera Ley
LA LEY DE LA PERCEPCIÓN

La cuarta Ley
LA LEY DE LA RESPONSABILIDAD

La quinta Ley
LA LEY DEL LIDERAZGO

Agradecimientos

Este libro es un esfuerzo de colaboración, por decir lo menos. Aunque mi padre ya no está con nosotros, él me mostró que hay una forma diferente de tratar a los demás. Jayson Orvis desafió todas las afirmaciones que yo hice y aportó en gran medida a los pensamientos e ideas contenidos en este libro. Mis socios de negocio Chad, Julie, Jerry, Natalie, Bayandor y Sandra han aportado mucho a mi vida y me permitieron estar ausente mientras trabajaba en este libro. Gracias a mis amigos Mike, Lanny y Tracy, quienes leyeron versión tras versión de este manuscrito. También aprecio todos los clientes y familiares que han leído y aportado sus opiniones, dando de su tiempo con generosidad. Kim Simpson sirvió como mi editora y procuró mantenerme dentro de lo políticamente correcto. Gracias a cada uno de ustedes. No habría terminado sin ustedes.

Prólogo

Hace unos dos años tuve el gran honor de conocer a Brett Harward, el autor de *Las cinco leyes que determinan los resultados en tu vida*. En ese momento, Brett era (y sigue siéndolo) un exitoso entrenador ejecutivo, empresario, padre de familia y ser humanitario. Me habían contratado para "entrar a participar" en la entrega de un programa para la Fundación *Great Life* en Salt Lake City. Yo sabía que podía facilitar los avances que sus asistentes deseaban tener, con el fin de impulsar sus vidas, carreras, relaciones y comunidades hacia un nivel más alto. Sabía que los graduandos de *Great Life* pondrían estos entrenamientos entre las cinco experiencias de sus vidas, así como lo habían hecho mis graduandos anteriores. También sabía que, con mis más de veinte años de experiencia como instructor y entrenador internacional, podía contribuir a la ciudad. Sin embargo, lo que no sabía (y resultó ser una maravillosa sorpresa para mí) era que, en la sala de entrenamiento, junto con unos cincuenta participantes, también estaba esperando un hombre a quien pronto llamaría mi amigo, compañero de visión para cambiar al mundo, socio y nuevo entrenador transformacional.

Yo había liderado entrenamientos y trabajado con profesionales en Sudáfrica, Francia, el Reino Unido, Letonia, Finlandia, Malasia, Rusia y China. Mi amor por las personas me impulsa junto con un compromiso de que tengan éxito. Así que, cuando Brett me dijo que, además de todo lo demás que estaba haciendo en su ya agitada vida, también quería liderar entrenamientos transformacionales, desde luego estuve de acuerdo. Y "el resto es historia", como dice el dicho.

Brett tiene un extraordinario don de claridad al ver lo mejor en los demás, contar sus historias y dar contundentes soluciones, así como herramientas personales confiables. Lo he visto en acción, siendo un entrenador sin límites, entretenido, audaz e inspirador en un momento, y al siguiente, implacable con la mediocridad, como un "misil que busca el calor".

Si bien este libro no sustituye la asistencia a una de sus conferencias, la participación en una de las capacitaciones transformacionales que él dirige, sí promete darte la esencia de su exclusiva filosofía.

Su libro sigue la tradición de los mejores libros de negocios que he leído. Seré claro contigo en cuanto a la lectura de *Las cinco leyes que determinan los resultados en tu vida*: este es un conjunto de herramientas que han funcionado para miles de empresas y personas. Sigue los capítulos, usa las 5 leyes y practica los consejos que da Brett. Tu empresa, organización, familia y comunidad se verán beneficiados. Con gran habilidad, él ha mezclado la física cuántica con las leyes naturales que gobiernan el corazón. Ha proporcionado una fórmula paso a paso para alcanzar el éxito. Ha incluido ejemplos de la vida real de lo que sucede cuando las 5 leyes no se aplican con eficacia, y ejemplos de lo que es posible cuando se aplican bien.

También aprecio su capacidad para conectar las leyes de la naturaleza y la ciencia con los logros en los negocios y la vida. Absorbe el contenido de este libro y, tan seguro como la probada y verdadera Ley de la gravedad, te beneficiarás de la brillantez de Brett Harward. Su experiencia como instructor, entrenador y consultor respalda sus palabras, él sabe de qué está hablando. No hay aire caliente ni trivialidades en el interior. Él vive las 5 leyes, y es lo suficientemente honesto como para decir cuándo no lo ha sido.

Estoy de acuerdo con su filosofía: "el idioma de los negocios es un idioma universal que trasciende las fronteras políticas, de religión, de raza, género y culturales. Juntos, si transformamos nuestro negocio, podemos transformar el mundo". Por esta razón, de todo corazón recomiendo *Las cinco leyes que determinan los resultados en tu vida* y lo recomiendo a todos los lectores interesados en transformar sus empresas y vidas, porque es un libro que trata del tipo de éxito que se puede predecir.

Es mi deseo que sigas leyendo y hoy mismo comiences a mejorar tus negocios, tu carrera y tu vida. Con las 5 leyes en acción, podemos transformar al mundo.

Joel Martin, Ph.D.

Presidente de *Triad West Inc.*

Autor de *How To Be A Positively Powerful Person*

Prefacio

El éxito es predecible. Como empresario, orador profesional, facilitador y entrenador de negocios, he tenido oportunidades de trabajar con una amplia variedad de personas, observando cómo se comportan, y pensando mucho en los atributos del éxito y la mediocridad. He aprendido de los über exitosos, como diría mi amiga Tracy, así como de los über no exitosos. (Aparentemente, según ella, "über" antepuesto a cualquier palabra significa ultra súper). Trabajo con muchos de la élite en los negocios, así como con personas que han sido recomendadas o sentenciadas por cortes para asistir a talleres que he facilitado. Muchas veces tengo los dos tipos de personas en la misma sala, y así puedo contrastar sus comportamientos y creencias en el mismo contexto.

Por sobre todo, he notado lo predecibles que son los patrones que las personas siguen en sus vidas. Un patrón es algo que enmarca la vida de acuerdo con una creencia y que hace que una persona se comporte de cierta manera en lo cotidiano. Las personas siguen patrones de éxito, fracaso y mediocridad en sus finanzas, sus relaciones y en todas las demás áreas de la vida. Con el tiempo, estos patrones predicen el éxito con mayor precisión que nuestra educación, las oportunidades o la suerte. Quizás hayas oído hablar de hombres o mujeres que parecen convertir en oro todo lo que tocan, hablando desde una perspectiva financiera. Quizás sean más comunes aquellos que, sin importar lo que hagan, luchan con sus finanzas. Algunos tienen relaciones profundas y significativas casi con todas las personas con quienes se relacionan e interactúan.

Otros tienen patrones que fomentan una carencia de confianza y una y otra vez terminan en relaciones problemáticas y superficiales con casi todo el mundo. Algunos patrones promueven el crecimiento, el aprendizaje y el éxito, y otros crean adversidades, sabotaje y frustración. Nos gusta pensar que el éxito o incluso el fracaso dependen de la alienación o no alienación de las estrellas. En lugar de eso, nuestro destino está escrito en la tabla de nuestro corazón o en las turbulentas aguas de nuestro ego.

Hay tres elementos que hacen que nos sea difícil reconocer y aprender de nuestros patrones. El primero de ellos es el espacio de tiempo que suele haber entre nuestros patrones y los resultados. A menudo hay años de por medio entre el patrón inicial y el resultado final. Esta distancia hace que las personas no creen una conexión entre ambos. Por ejemplo, es posible que un pequeño empresario que no vigila sus cuentas pueda sobrevivir por un tiempo. Pero al final, ese patrón de no prestar atención a los números llevará a la empresa a la ruina. Así mismo, alguien que sigue el patrón de no escuchar bien, con el tiempo luchará con sus relaciones, así su relación se tarde en comenzar a sufrir la respectiva crisis que surge por no escuchar.

El segundo elemento es el hecho de que el verdadero impacto de determinado patrón es más claro en el largo plazo. Los patrones pueden predecir resultados a corto plazo, aunque solo garantizan resultados sobre largos periodos. Como las personas a veces experimentan triunfos o fracasos a corto plazo que no parecen estar alineados con los patrones que han desarrollado, se les dificulta establecer la relación entre los resultados a largo plazo y esos mismos patrones. Es como "sacar" 20 cuando juegas 21. Es probable que, de vez en cuando, te salga un as y termines con un 21 perfecto. Sin embargo, seguir un patrón de 20 solo garantiza un "desastre en veintiuna" a largo plazo.

La razón por la cual nuestros patrones son tan difíciles de ver es que estos patrones negativos son lo último en el mundo que queremos ver. Queremos vernos a nosotros mismos tan buenos, inteligentes, amables, exitosos o el adjetivo que quieras. Por eso, no nos gusta mirar las áreas que pueden indicar lo contrario. Es mucho más fácil considerar que nuestra forma de abordar la vida o respuesta a la misma es la mejor, la única o la razonable, sin tener en cuenta los resultados que son poco impresionantes y que surgen de nuestros patrones típicos. Por lo general, a pesar de experimentar resultados similares en una serie de circunstancias diferentes, no alcanzamos a ver que nosotros somos el común denominador y no los demás.

Permíteme repetirlo: la mayoría de personas nunca relaciona sus patrones en la vida con los resultados que experimentan. Ellos ven los resultados como un simple juego de azar en el que ganan algo y pierden algo. Exageran sus triunfos y minimizan sus fracasos, y así los patrones nunca cambian. Se ven a sí mismos como mucho más cerca del éxito de lo que realmente están, y culpan a los demás y las circunstancias que no están bajo su control por sus deficiencias y sus problemas. Algunos han dominado el vocabulario y la jerga de autoayuda, han leído libros y hablan en términos de rendir cuentas y apropiarse, sin haber tenido un cambio sustancial en los resultados. Hay quienes han alcanzado grandes resultados en algunas áreas de sus vidas mientras tienen dificultades en otras. Y otros se fijan en áreas donde los resultados son difíciles o imposibles de medir, tales como la espiritualidad o el "ser buena persona".

El juego de la veintiuna, de nuevo, es en particular una buena ilustración de algunas de las formas como se puede jugar en la vida. En este juego, un jugador, por lo general, le da una pequeña ventaja a la casa. Los números reales varían un poco dependiendo de las normas de cualquier juego en particular, pero un buen jugador por lo general gana el 49% del tiempo y la casa gana solo el 50% de las veces. Los malos jugadores enfrentan probabilidades mucho más bajas, mientras que los jugadores de clase mundial, que cuentas cartas y están dispuestos a seguir reglas estrictas de disciplina, sí pueden obtener una pequeña ventaja sobre la casa. El jugador promedio despistado comete muchos errores como para lograr acercarse a un punto de equilibrio con la casa y, por eso, con el tiempo, está garantizado que perderá incluso antes de jugar. He visto jugadores tomar decisiones sin ni siquiera mirar sus propias cartas, así tengan cierta ventaja en cualquier partida de veintiuna. Las probabilidades de ganar dependen casi por completo de las cartas que ves. Los jugadores de talla mundial ganan porque tienen una consciencia muy aguda de cada carta posible que está en juego, así como las que no han sido jugadas. Imagina cuánta mayor efectividad podrás tener en la veintiuna si conocieras las cartas de todos, incluyendo las tuyas y las del repartidor. Aunque no ganarás todas las partidas, el sentido común aseguraría que podrías ganar la mayoría. ¿Cuánto más estarías dispuesto a apostar si supieras que las probabilidades están a tu favor?

Este libro se trata de desarrollar los patrones y comportamientos que promueven el éxito a largo plazo. Para la mayoría de personas, este método también mejorará de forma dramática el éxito a corto plazo. De hecho, será como jugar la vida con todas las cartas descubiertas. El método incorpora cinco leyes que determinan todos los resultados en la vida. Todos usan esas leyes de una u otra forma. Estas leyes gobiernan sin discriminación, así como la Ley de la gravedad.

La gravedad, cuando se la combina con otros principios o leyes de la física como el impulso y la resistencia, pasa a ser parte de la ecuación para volar aviones a reacción. Cuando las leyes de la física se usan de forma óptima para volar un avión comercial, éstas pueden levantar una aeronave de doscientas toneladas hasta la estratosfera. La gravedad es crítica para tener un aterrizaje exitoso. De la misma manera, esa ley puede resultar catastrófica para volara un avión si se la aplica mal. La Ley de gravedad funciona, ya sea que la usemos para aterrizar un avión o para estrellarlo. Es consistente y no cambia, ni muestra favoritismo, no se aplica según la moralidad o el juicio.

Mi visión es la de un planeta en el que la guerra ya no sea una opción para solucionar conflictos, y estoy comprometido con hacer lo que pueda para que eso sea realidad. Desde mi punto de vista, gran parte del conflicto humano, si no lo es todo, se centra en las frustraciones, decepciones y la guerra al interior de cada corazón humano. Muchos de nosotros, siendo simples humanos, concentramos gran parte de nuestras vidas solo en sobrevivir, lo cual nos restringe a buscar soluciones instantáneas, egoístas y de corto alcance que pasan por alto los problemas de mayor impacto o la sostenibilidad a largo plazo. Me refiero a esto como la diferencia entre una "consciencia de supervivencia" y una "consciencia de prosperidad". Es hora de que comencemos a dominar esta última opción. Este libro aborda las 5 leyes que pueden llevarnos en esa dirección.

Introducción

La sequía que devastaba las sabanas de Uganda alcanzaba su décima estación. La tierra se había tostado y agrietado como las manos de un anciano azotado por la intemperie. A la tribu de Miko le había ido mejor que a la mayoría, pero ahora estaba al borde de la extinción. Siendo un cazador, era mucho más anciano que la mayoría de los demás, quienes por lo general eran los miembros más jóvenes y más fuertes de la tribu. Él había vivido muchas estaciones y había llegado a ser reverenciado como "El gran cazador". Sin embargo, durante las últimas diez estaciones, el área en la que habitaba su tribu había caído en la agonía de la peor sequía que jamás hubiesen experimentado. Mientras muchas de las tribus que los rodeaban habían sufrido la muerte de muchos de sus hijos debido a la falta de alimento y agua en una tierra que otrora había tenido abundancia de caza, otras habían llegado a la extinción. La tribu de Miko había recibido a varios de los sobrevivientes dispersos de esas desafortunadas tribus, adoptándolos como propios. Sin embargo, ahora, incluso con la ventaja de ser grandes cazadores, la tribu de Miko enfrentaba su desaparición, porque la caza sea había reducido demasiado.

En su juventud, Miko se había establecido como un gran cazador. Su padre también había sido un gran cazador, y Miko siguió muy de cerca los pasos de su padre. En su niñez, jugaba a la cacería con los otros niños. Soñaba con el día en el que podría cazar una gran presa por sí solo. Para él, cualquier palo que viera en el piso era una lanza, y a menudo trataba de hacer armas con recursos que recogía en el área donde se encontrara su tribu en ese momento.

La tribu solía moverse para seguir los patrones de los animales y el agua.

Conforme fue creciendo, Miko, junto con otros jóvenes, empezó a ir con más frecuencia a los viajes de caza de su padre. Aunque todavía era un niño, sentía el peso de las grandes expectativas de su tribu y cómo ellos dependía de su capacidad para proveer sustento. También le encantaba el desafío, la emoción y el honor de la cacería. Gran parte de su éxito inicial vino por prueba y error. Habiendo mucha cacería, los errores y desaciertos eran fáciles de tolerar, y la tribu rara vez tuvo que experimentar las punzadas del hambre por falta de alimento. Dado que el sofocante calor de su tierra natal hacía casi imposible preservar a largo plazo la carne, la cacería era una actividad esencial y diaria.

Aunque la cacería era crítica para la supervivencia de la tribu, solo un pequeño grupo de hombres eran los encargados de la tarea. Ser cazador rivalizaba con cualquiera de las demás posiciones de liderazgo, y los hombres más grandes y más fuertes de la tribu por lo general se asignaban a sí mismos como los cazadores. Después de todo, aunque una cosa era acercarse lo suficiente a un animal como para apuntarle con la lanza, otra muy diferente era reunir la fuerza suficiente para lanzarla y lograr atravesar la resistente piel. Muchos lanzamientos buenos solo rebotaban sobre la cebra, el búfalo, la gacela y otros animales de la sabana, y con esto salían corriendo, quedando fuera de alcance. Miko odiaba esos momentos, y se prometía lanzar más fuerte la próxima vez.

Sin embargo, la mayoría de las veces sus lanzamientos sencillamente fallaban al blanco. O, peor aún, lograba golpear y penetrar la piel del animal, pero no llegaba a una parte vital. Miko fue criado con reverencia y respeto por los animales que cazaba. Herir un animal y hacerlo sufrir lo hacía sentir mal y le quitaba el sueño. El sufrimiento que le causaba a los animales que quedaban heridos por causa de su falta de habilidad hizo que Miko comenzara un recorrido en su cacería muy diferente a los de los miembros de su tribu.

Por generaciones, los otros cazadores habían aceptado el hecho de que, si bien las habilidades eran un elemento primordial en la cacería, aun así, muchas cosas se salían del control del cazador, ya que se trataba de prueba y error. Los mejores cazadores eran excelentes calculando distancias, velocidades de lanzamiento y trayectoria, y podían dirigir sus lanzas con una precisión razonable. Miko había caído en esa categoría, viendo que la mayoría de los demás cazadores, incluyéndose él mismo por un tiempo, sentían un falso sentido de satisfacción por sus cuasi aciertos. Entretenían a sus familias con relatos de grandes cacerías que terminaron en un lanzamiento fallido. Los niños se sentaban a los pies de los cazadores y escuchaban como si trataran de ignorar las punzadas del hambre. La mayoría de los cazadores solo cazaban más para compensar sus fallas. Pero esto solía ser un problema, porque terminaban exhaustos y no estaban listos cuando las oportunidades se les presentaban. Muchas veces fallaban hasta en hacer ajustes a sus lanzamientos o equipos, y en lugar de eso culpaban al viento, al animal o cualquier otro aspecto de la cacería que estuviera fuera de su control. En consecuencia, cometían los mismos errores con frecuencia. Ante la abundancia de cacería, esta enseñanza nunca fue cuestionada. Sin embargo, las fallas eran demasiado frecuentes y demasiado dolorosas para Miko. Él sabía que algo elemental le hacía falta a su metodología.

Fue ahí cuando Miko se volvió un estudiante de las leyes de la cacería y las lanzas. Le habían enseñado, como a los otros en su tribu, a pasar poco tiempo haciendo sus lanzas y armas. Muchos de los miembros de su tribu habían pasado una cantidad considerable de tiempo en una lanza en determinado momento, para perderla con un animal que huía herido. "Es mejor que sean desechables", era lo que la mayoría pensaba. Cuando había mucha cacería, esa mentalidad y estrategia producía resultados aceptables. Sin embargo, Miko se tomó el tiempo para asegurarse de que cada lanza que usara tuviera la capacidad de penetración si él golpeaba en el banco. Él reconoció que la misma cantidad de tiempo que dedicaba a afilar su lanza también debía dedicarla a aprender a ser más efectivo en su puntería. Entendió que, en años anteriores, había lanzado muchas lanzas tan mal fabricadas que no estaban en capacidad de penetrar la gruesa piel de la presa que buscaba. Nunca más, se prometió a sí mismo.

Miko también vio la importancia de la precisión en las medidas para una cacería exitosa, y desarrolló la habilidad de ser muy efectivo en calcular distancias. Solía pensar en la distancia a un arbusto o árbol, y luego contaba los pasos para ver qué tan cerca estaba. Casi siempre acertaba con una variación de uno o dos pasos. Ahora veía que esa variación de uno o dos pasos a menudo era la diferencia entre un golpe certero y un animal herido. Exploró varios métodos para mejorar su precisión y, con el tiempo, encontró uno que mejoró sus resultados en cierto grado.

Cuando cazaba una presa, incuso se daba a la tarea de explorar el interior del animal que había cazado. Tomaba nota de algunos de los órganos vitales que, al ser golpeados, podrían producir la muerte de forma más rápida y limpia. Así mismo, notó órganos y áreas en los animales que podrían producir una muerte más lenta o solo lastimarlos, para así evitar esas áreas. También encontró que diferentes clases de animales tenían áreas vitales un tanto diferentes.

Miko también estudió cómo el largo, el diámetro, el peso y el material afectaban la distancia y la fuerza con la que viajaban sus lanzas. Se aseguró de usar piedras como punta de lanza que fueran del mismo tamaño para así mejorar sus posibilidades de precisión. Miko no fue el único en reconocer la mayoría de los elementos que llevaban a una cacería exitosa. En algún grado, todos los cazadores habían aprendido los parámetros generales que Miko estaba reconociendo, pero los ponían en práctica a un nivel descuidado e intuitivo. Miko, sin embargo, profundizó más. Le asombraba la consistencia con la que cada una de esas variables producía resultados después de haber entendido cómo funcionaban. Descubrió que no había nada al azar respecto a la trayectoria de una lanza, y que un lanzamiento fallido, en cualquier grado, no se debía a mala suerte, sino a no aplicar o tener en cuenta alguna ley predecible y medible.

Pasaba gran parte de su tiempo lanzando piedras y lanzas, midiendo pasos, observando los recorridos de vuelo, y explorando la anatomía de los animales que cazaba. Comenzó a notar que el menor de los factores externos, como el viento, la lluvia, la humedad y la altura, también jugaba un papel predecible en el vuelo de su lanza. Aunque puede que no haya podido explicar a fondo algunas de estas influencias, siempre había suficiente información a su disposición para darle perspectivas y mensajes acerca de cómo estos factores podrían afectar su lanzamiento. Con el tiempo, los mismos factores que en otro tiempo habían frustrado sus habilidades para tener éxito en la cacería pasaron a ser aliados confiables para Miko y su lanza. Gracias a su precisión, Miko podía pasar mucho menos tiempo cazando que otros hombres de la tribu. En sus pocos lanzamientos fallidos, siempre repasaba lo que había sucedido, para así determinar qué elementos no había tenido en cuenta. También aprendía de cada uno de sus lanzamientos acertados. Después de todo, él sabía que el resultado que había logrado era predecible.

Ahora, años después, Miko había establecido sus propias reglas o leyes que él sabía que gobernaban el vuelo de su lanza y el éxito de su cacería. Las había desglosado en 5 áreas o leyes específicas:

1. Conoce tu objetivo. Conoce con precisión cuál es el objetivo. Miko había hecho muchas cacerías en su mente. Podía describir con exactitud dónde se encontraba su objetivo con cada animal que cazaba. En su mente, veía el recorrido de la lanza antes de hacer cualquier lanzamiento. Al observar el recorrido de la lanza, también prestaba atención a cualquier rama, hoja de pasto o cualquier otro obstáculo que pudiera afectar la trayectoria de la lanza. Al anticipar esos problemas, él podía hacer ajustes a su lanzamiento o ángulo, con los que lograría una trayectoria de vuelo despejada para su lanza.

2. Aprende rápidamente. Sin experimentación constante, Miko no había podido aprender cómo cada condición afectaba el vuelo de su lanza. Él siempre ponía a prueba sus suposiciones antes de aplicarlas en la cacería. Adoptó las fallas como una oportunidad para ver alguna condición que no había tenido en cuenta. Él encontró que el fracaso impulsaba la innovación cuando se mantenía concentrado en el objetivo. Aprendió a corregir los aspectos ineficientes de su lanzamiento y se deshizo de equipos que no producían los resultados deseados.

3. Escucha y observa. Miko sabía que había muchos aspectos que intervenían en el vuelo de una lanza. Algunos de ellos eran difíciles de ver. Él no podía ver el viento o la humedad, pero el pasto y las ramas podían darle pistas acerca de cómo esto podía afectar su lanzamiento. A menudo, él era el último en ver una presa que se acercaba. Pero las aves y otros animales tenían mejores puntos de vista, y cuando los escuchaba y los observaba, estaba mejor preparado. Él sabía que los sonidos y ruidos de la sabana, incluyendo el silencio, podían advertirle que había peligros cercanos o alimento. Las plantas y el terreno también le daban indicadores precisos e inmediatos sobre su altitud. La mayoría de cazadores ignoraban esos elementos como si fueran algo aleatorio, los llamaban suerte o falta de la misma, dependiendo del resultado de su lanzamiento. Algunos los consideraban demasiado complejos como para tratar de resolverlos, o los veían como el resultado de alguna clase de divina providencia que operaba más allá de sus propias capacidades de entendimiento. Miko encontró que siempre podía preguntarle al pasto, a las hojas de los árboles, a los insectos u otros animales, y ellos le darían respuestas confiables acerca de las condiciones externas que intervendrían en su lanzamiento.

4. Asume los resultados de cada lanzamiento. Con solo apropiarse, es decir, asumir toda la responsabilidad de sus errores y aciertos, Miko pudo mejorar sus destrezas. Él aprendió que, si se concentraba en lo que hacía y no en lo que no hacía para crear los resultados de cada lanzamiento, podría adaptarse con rapidez, y rara vez cometería el mismo error dos veces. Como nunca culpaba a factores externos o a otros, y ni siquiera se castigaba a sí mismo, él tenía oportunidades para aprender de cada error o triunfo, encontrando así que tenía mucho más control sobre sus resultados de lo que alguna vez había creído.

5. Extiende el aprendizaje más allá de tus límites. En conclusión, la visión de Miko respecto a la prosperidad de la tribu solo se podía alcanzar si Miko podía compartir entre todos los cazadores de la tribu lo que había aprendido. Al ir envejeciendo y haciéndose más frágil, sabía que llegaría el momento en el que incluso él tendría que depender en las habilidades de los que lo rodeaban. Miko reconoció la importancia no solo de enseñar, sino también de aprender de los otros cazadores de la tribu. Su propio compromiso con el aprendizaje y la enseñanza podía llegar a asegurar el éxito del futuro de la tribu. Si no extendía el cuerpo de aprendizaje que había en la tribu, todos sus esfuerzos se reducirían a cero cuando él ya no pudiera cazar. Él sabía que, al compartir su aprendizaje y aprender de los demás, ese conocimiento colectivo de la tribu aumentaría, y que sus compañeros de la tribu serían mejores cazadores. Así, los relatos alrededor de la fogata de la tribu de Miko evolucionaron de alardear y contar historias a oportunidades para jóvenes y ancianos por igual.

Ahora que la sequía tenía a la tribu al borde de la extinción, había mucho más en juego. Él sabía que la supervivencia de la tribu descansaba sobre sus hombros. El suministro de alimento de la tribu había disminuido a nada. Los niños y los adultos estaban perdiendo peso cada día, incluyendo los mismos hijos de Miko. Él ni siquiera había visto alguna presa por días enteros, y mucho menos había logrado acercarse lo suficiente para hacer un intento con su lanza. Como era su costumbre, se había levantado antes del amanecer y había viajado a uno de los abrevaderos que estaba a poca distancia de donde su tribu había organizado el campamento.

Este abrevadero en particular era uno de los favoritos de Miko. Su padre lo había traído aquí años atrás en su primer viaje de cacería real. Cuando la tribu viajaba, él siempre anhelaba volver a este punto. El abrevadero era fácil de reconocer por los tres gigantescos peñascos de granito en forma de rectángulo que se elevaban por encima de los pastizales de la sabana, cada uno más alto que el otro. En la base de estas tres piedras brotaba un pequeño arroyo que alimentaba el estanque durante todo el año. A diferencia de los estanques de cuenca que recolectaban agua subterránea de las colinas circundantes y se secaban durante ciertas épocas del año, este pequeño estanque brotaba de ninguna parte. Se acumulaba en la pequeña depresión en el suelo y brotaba por el lado opuesto, formando así un pequeño arroyo con no más de un dedo de profundidad. El arroyo corría unos doce pasos hasta las raíces de un inmenso árbol de ciprés antes de desaparecer en la tierra, casi como por arte de magia.

Comenzó su metódica organización que en un comienzo había generado burlas entre los otros cazadores. Pero ahora, sabía que los otros cazadores de su tribu seguirían el mismo ritual en los lugares donde estaban cazando. Como grupo habían aprendido y compartido, y cada uno era consciente de la gravedad de la cacería del día. Ese día estaba solo. Se había decidido que, ante la escasez de presas, los cazadores se dispersarían, aumentando así las probabilidades de encontrar un animal. Caminó en silencio hasta el borde del pequeño estanque alimentado por el arroyo y comenzó a medir pasos. Doblaba una pequeña rama por la mitad a los veinte pasos y luego a los treinta. Su rango más externo eran los cuarenta pasos y doblaba otra hierba a esa distancia. Las partes dobladas en el pasto seco apenas las podía percibir él mismo, pero él conocía bien sus marcas. Siguió contando pasos y haciendo marcas en cualquier ángulo que le pudiera permitir hacer un lanzamiento. Ya la luz comenzaba a aparecer más allá del lejano horizonte.

Luego tomó un manojo de hierba seca de donde estaba parado. Había adquirido el hábito de lanzarlo de la misma altura que siempre lo había hecho, y mirar cómo la brisa lo soplaba, alejándolo un paso y medio mientras caía. Levantó la lanza, la misma que había usado en sus últimos diez viajes de cacería en los que había tenido éxito. Con sus dedos callosos, quitó una pequeña muesca que tenía la lanza para suavizarla. Y luego se sentó en silencio.

De repente, las aves blancas que solían bañarse en el abrevadero salieron volando. Miko sabía lo que eso significaba a menudo, y su pulso se aceleró. Luego escuchó al animal acercarse sobre el pasto seco. Pocos segundos después, el corazón de Miko saltó al ver a un cauteloso ñu acercarse al agua por uno de los senderos que había estado observando. Mientras se acercaba al abrevadero, el animal lo hacía con mucha cautela. En silencio, Miko se movió a su izquierda donde podría tener un lanzamiento claro. Había un arbusto grande adelante, lo cual impidió que el ñu viera que se aproximaba. Al acercarse, pudo ver la parte trasera del animal con su cabeza agachada mientras bebía. Miró el pasto a su izquierda y vio las marcas de hierba doblada que había marcado antes. Exactamente cuarenta pasos. Con cada paso adicional, contaba, 39, 38, 37. De repente, el ñu levantó la cabeza. Se estaba poniendo nervioso. El corazón de Miko se detuvo. "Por favor, baja la cabeza una vez más" susurró para sus adentros. Mientras veía cómo el animal bajaba la cabeza una vez más por debajo del nivel del pasto, volvió a evaluar sus variables. Era un lanzamiento largo y Miko nunca había hecho un lanzamiento con tanto en juego. Cuando la lanza salió de sus manos, Miko sabía que el resultado de ese lanzamiento ya estaba determinado. Las leyes ahora surtirían efecto. La brisa, la gravedad, la lanza y la velocidad se combinaron para crear la única trayectoria posible para su lanza. El tiempo pareció entrar en cámara lenta a medida que cada una de esas llamadas variables actuaban juntas para hacer su impacto completamente predecible en el recorrido de la lanza.

El ñu alcanzó a ver un movimiento con el rabillo del ojo, pero era demasiado tarde. La lanza golpeó, penetrando el corazón de ese animal grande. Corrió menos de veinte pasos. Esa noche la tribu de Miko celebraría y comería. Aunque en ese momento, Miko no sabía que las tostadas sabanas en poco tiempo volverían

al exuberante verde que él había conocido cuando era niño, en pocas semanas la lluvia comenzaría a caer. Su tribu, su familia, iba a prosperar.

CAPÍTULO UNO

¿Cuáles son las 5 leyes?

Las 5 leyes determinan la probabilidad de éxito y de fracaso con el tiempo. Ellas predicen con gran precisión los resultados en las relaciones, las finanzas, los negocios, la salud y la plenitud personal. Todos nosotros las ponemos en práctica todo el tiempo, sin importar si estamos teniendo éxito o si estamos fracasando. No importa si conocemos o no las leyes y cómo funcionan. En lugar de ser una lista de verificación de cosas por hacer, representan maneras de ser. Al poner en práctica estas 5 leyes, ellas impregnarán cada área de tu vida: el dinero, la crianza, las amistades y las relaciones románticas. Notarás un cambio esencial en cómo interactúas con los demás y cómo te perciben ellos a ti. Y lo mejor de todo, verás cómo tus patrones contraproducentes se revertirán, aprovechando así los éxitos previos y desarrollando el impulso de crecimiento.

Cuando sigas estas leyes y te ciñas a ellas, crearán patrones positivos infinitos en tu vida que también asegurarán el éxito a largo plazo. El resultado natural de adoptarlas en nuestras vidas es ver oportunidades y opciones donde la mayoría de personas no las ve.

Estas 5 leyes gobiernan nuestra capacidad de aprovechar las profundidades de nuestro potencial humano y de nuestro éxito.

Estas son las 5 leyes:

1. La ley de la visión: gobierna la profundidad y la dirección en los seres humanos, y es el elemento fundamental para aplicar con éxito las otras leyes. Esto exige una profundidad de compromiso poco común.

2. La ley de la frecuencia: determina nuestra tasa de aceleración hacia el logro de nuestros objetivos en la vida.

3. La ley de la percepción: extiende nuestra propia perspectiva cuando incorporamos de buena gana las percepciones de los demás.

4. La ley de la responsabilidad: exige que nos hagamos responsables de nuestras contribuciones a los resultados que obtenemos. Nos permite experimentar el ser poderosos y estar en control de nuestras vidas. En esencia, esto es igual a un aprendizaje rápido.

5. La ley del liderazgo: convierte al mar de la humanidad que está entre tú y tu visión, convirtiéndolos en aliados y no en adversarios.

Es probable que muchos de nosotros nos hayamos encontrado abordando la vida como si estuviéramos jugando el clásico juego de carnaval "*Whack-a-Mole*." En este juego, un jugador se para frente a una máquina con varios orificios. El jugador toma un mazo y, cuando el juego comienza, gana puntos cuando puede golpear (*whack* en inglés) un topo (*mole* en inglés) de plástico en la cabeza con el mazo cada vez que él sale por alguno de los orificios. Cuando el jugador golpea un topo en la cabeza, otro sale en otro lado. La mayoría de jugadores tiende a golpear solo medio segundo después de los topos, así que su mazo por lo general cae en un orificio vacío, porque los topos ya han desaparecido. Incluso si golpeas uno de los objetivos, es seguro que vuelva a salir pocos segundos después. Puede ser un juego frustrante y agotador.

Cuando nos concentramos solo en el corto plazo, podemos sentir que nuestras vidas se parecen mucho a un juego de *Whack a Mole* que nunca termina. Sentimos como si estuviéramos parados en un punto, tratando siempre con los mismos problemas una y otra vez, sin nunca avanzar y aprendiendo muy poco, si es que aprendemos algo nuevo. "¿Por qué esforzarse más?", nos preguntamos. Quizás hablamos sobre mayores ambiciones, pero la brecha entre lo que decimos y los resultados que experimentamos es como el Gran Cañón. Nuestros comportamientos, hábitos y maneras de ser parecen estar tan arraigados e impasibles, que cruzar esa brecha hasta donde queremos estar parece imposible. Sigue leyendo, ¡es posible!. Para estar seguros, se trata de un viaje y, sin duda, no lo es para los de corazón débil. La mayoría de nosotros tiene una o dos idiosincrasias del comportamiento, las cuales pueden resultar peculiares y hasta molestas para los demás. Esas "peculiaridades" no me preocupan tanto como las fallas de comportamiento patológico que nos impiden tener éxito.

Los psicólogos usan la palabra "patológico" en el sentido de aquellos "comportamientos habituales que son desadaptados y compulsivos". Sin duda, cuando uso el término "comportamiento patológico" en este libro me refiero a las acciones repetitivas de una persona que chocan directamente con los mejores intereses de esa misma persona. Esos comportamientos impiden que las personas obtengan lo que desean en la vida, y a menudo crean ciclos descendentes o profecías que se cumplen solas. Los siguientes son unos ejemplos de ese tipo de ciclos descendentes:

- Un hombre ha desarrollado fuertes problemas de ira porque siente que, a lo largo de su vida, ha sido abandonado.

Su enojo y negatividad siguen alejando a las personas, lo cual refuerza su sentimiento de enojo.

- Una mujer que siente amargura por la infidelidad de su esposo, lo aleja a él y a otros hombres debido a su posición defensiva, desconexión emocional y falta de confianza. Sintiéndose rechazados, los hombres en su vida tienden a buscar relaciones emocionalmente más satisfactorias en otras partes, con lo cual alimentan más su amargura y desconfianza.

- Un gerente que ha sido pasado por alto para ser promovido, comienza a tener resentimiento con sus compañeros de trabajo, viéndolos como competencia y la razón por la cual no recibió el ascenso. Este resentimiento conduce a una comunicación sofocante y poca compenetración con sus compañeros de equipo. Su cada vez más obvia desconexión del entorno de trabajo, y la falta de compañerismo, sin duda, garantizarán que sea pasado por alto en futuros ascensos de cargo, aumentando así la llama de su resentimiento.

- Un empresario se encuentra en dificultades financieras y decide que debe gastar lo menos posible en los salarios de sus empleados y en gastos de mercadeo. Así que reduce estos gastos, con lo cual pierde buenos empleados y el crecimiento de su empresa se estanca aún más. Esto lo interpreta como una evidencia de que es difícil lograr utilidades y hacer crecer su empresa. También termina sellando su propio destino como empresario.

El objetivo de este libro es ayudarte a ver más allá del horizonte, para que puedas superar un estilo de vida tipo *Whack-a-Mole*, evites quedar atascado en profecías negativas que terminan cumpliéndose y comprendas que tu comportamiento predice tu futuro. Las leyes presentadas en este libro te abrirán los ojos a diferentes opciones y elecciones en la vida. Uno de los libros de estrategia militar con mayor influencia en todos los tiempos se titula *El arte de la guerra*. Fue escrito hace más de 2.500 años por un general chino llamado Sun Tzu (se pronuncia "sun sue"). Su libro ha sido traducido a muchos idiomas y cientos de libros han surgido a partir de sus conceptos de batalla. Hoy en día, sus ideas se aplican con mayor frecuencia a los negocios, así como a las dinámicas interpersonales y de grupo, que a estrategias de batalla. Es posible que el concepto más profundo de Sun Tzu en su libro, sea el de la previsibilidad. Él declara que los resultados de todas las batallas jamás peleadas, ya han estado determinados antes de iniciar. En otras palabras, la batalla misma tiene poco que ver con su resultado y más con los parámetros específicos ya establecidos antes de pelear. Así mismo, nuestro compromiso en la vida predice el éxito o el fracaso incluso antes de comenzar cualquier actividad en particular. Al conocer las 5 leyes e integrarlas de manera consciente a tus hábitos diarios, también podrás predecir tu éxito.

LA PRIMERA LEY

LA LEY
DE LA VISIÓN

CAPÍTULO DOS

La ley de la visión (conoce tu objetivo)

La visión es lo que nos da el poder para comenzar a movernos; es también la fuerza que actúa sobre nosotros cuando decidimos cambiar de dirección. Es probable que Sir Isaac Newton lo haya descrito mejor con su primera ley del movimiento, mejor conocida como la Ley de Newton. Esta declara que los objetos en reposo tienden a permanecer en reposo, mientras que los objetos en movimiento tienden a permanecer en movimiento en la misma velocidad y dirección, —a menos que actúe sobre ellos una fuerza desbalanceada. Esta ley se aplica de forma equitativa sobre los objetos y las personas. En lo que se refiere a personas, la Ley de Newton podría formularse de esta manera: las personas estancadas tienden a permanecer estancadas, mientras que las personas en movimiento tienden a permanecer en movimiento a la misma velocidad y en la misma dirección, a menos que actúe sobre ellas una visión.

Las visiones no son deseos, y esa es la gran diferencia entre estos dos, tiene que ver con el nivel de compromiso de la persona.

Para mí, el término 'visión' significa mucho más que solo establecer metas, es una fuerza de impulso que es sinónimo de propósito, compromiso y pasión. La visión sirve para dos objetivos: compromete las partes más profundas de lo que somos y nos da dirección. La profundidad de nuestro compromiso separa las visiones de los deseos, las ideas y las metas. Al aprovechar nuestra profundidad humana, la visión nos hace extender más allá del nivel en el que normalmente nos comprometeríamos (nuestra zona de confort).

El año pasado hice una salida de pesca con mosca con cuatro amigos. Por varios meses, habíamos estado hablando de ir a un río cercano, hasta que un día decidimos hacerlo esa misma tarde.

Empaqué una buena cantidad de quipo en la parte trasera de mi automóvil antes de salir y compré unos señuelos tipo mosca para sumarlos a los que había estado probando en los últimos días. Acordamos un lugar y una hora de encuentro a pocas horas de distancia, y todos llegamos con pocos minutos de diferencia. Cada uno había tenido sus propias experiencias como pescador o por lo menos podías hablar de una "buena pesca" en el pasado. El resto de nuestro pequeño grupo me siguió a un estacionamiento que estaba a pocos metros de distancia de una orilla inclinada que descendía unos dieciocho metros hasta el río. Cada uno abrió el maletero de su auto y comenzó a organizar su equipo, poniéndose sus botas altas y alistando las cañas de pesca con mosca. Ya era tarde, así que teníamos algo de prisa por entrar al agua. En ese momento, noté que uno de nosotros solo estaba ahí, de pie. Le pregunté por qué no se estaba poniendo sus botas.

Me dijo que en realidad no había tenido tiempo para alistar su equipo para esa salida, pero que estaría feliz con vernos pescar. Por fortuna, yo tenía unas botas adicionales, y también cañas y carretas, y otro surtido de equipo que él podía usar. Con renuencia, aceptó alistarse y el resto de nosotros lo esperamos ansiosos.

Amarré algunos de los señuelos a la línea de la caña que le estaba prestando mientas él se ponía las botas altas. Finalmente, ya estaba listo. Mientras nos acercábamos al descenso que conducía al río, nuestro renuente pescador decidió que prefería mirar por un rato. Señaló unos rápidos y rocas en el río y nos dijo que es ahí donde le gustaría atrapar un pescado. Los demás ya no podíamos esperar más, así que nos abrimos paso por el descenso hasta llegar al agua fría y clara, y comenzamos a recorrer el río.

Otro de nuestro grupo decidió comenzar a intentar en el área justo al lado del estacionamiento. Dos de nosotros decidimos avanzar corriente abajo hacia aguas donde no se pescaba con mucha frecuencia. Como solo teníamos unas pocas horas para pescar, subimos por el desfiladero y avanzamos por los arbustos en busca de un buen punto corriente abajo. Después de haber recorrido una milla, encontramos un pozo profundo donde el riachuelo se encontraba con la banca en el lado opuesto. El banco del otro extremo era demasiado grande y tenía árboles y arbustos que imposibilitaban el acceso desde el otro extremo del arroyo, pero era un lugar ideal para encontrar la clase de trucha marrón que buscábamos. El río era claro, de unos quince metros de ancho, y una corriente rápida fluía por el centro, donde alcanzaba unos cinco pies de profundidad. Vadeé el arroyo con el agua hasta la cadera en medio de la corriente rápida. Aseguré mi estabilidad y comencé a intentar con lanzamientos largos por debajo del arbusto en el extremo más distante del arroyo. Con una corriente rápida y ramas por encima de mí, en realidad estaba teniendo problemas con lograr darle buen movimiento a mi mosca.

Fue en ese momento que vi a mi amigo que había hecho el recorrido conmigo. Había caminado corriente arriba unos cuarenta metros para no enturbiar el pozo, y había comenzado a acercase cruzando la corriente rápida. A medida que se hacía más profundo y el agua era más rápida, comenzó a luchar con su estabilidad.

Yo seguía esperando que retrocediera, pero seguía avanzando a tropezones. Cuando llegó al centro del canal del río, bajó de un borde y no logró pisar el fondo por unos segundos. El agua se estaba entrando por la parte superior de su traje de botas altas y la corriente lo arrastró por unos momentos antes de llegar a la parte lenta y un poco menos profunda de la orilla opuesta. Ahora estaba parado sobre el fondo del arroyo, pero de su traje todavía salía agua a la altura del pecho. Finalmente, encontró una roca sobre la que se pudo para parar un poco más en alto. Pude ver que apenas le molestaba el agua dentro de su traje, porque no había dejado de reír desde el momento en el que entró al río.

Sin prisa, lanzó su mosca frente a él y dejó que se fuera directo hacia abajo del arbusto que colgaba a baja altura y dentro del punto que antes había sido inaccesible y que ahora estaba justo debajo de él. Justo cuando el señuelo llegó a la parte más profunda de esa parte del río, el agua pareció explotar. Había atrapado una trucha de casi seis libras, una de las más grandes que jamás había visto sacar en ese río. Pero él todavía no había acabado de mojarse, porque tuvo que recorrer casi cien metros corriente abajo para descargar el pescado. Cuando regresó al auto después que había oscurecido, encontramos que pocas cosas habían cambiado. Nuestro primer amigo seguía sentado en un tronco en la parte superior de la orilla alta que conducía al arroyo. Su traje seguía completamente seco, aunque estaba ansioso por hablarnos sobre algunos de los peces que había visto desde su posición elevada. Nuestro segundo amigo seguía pescando a unos tres metros corriente arriba de donde lo habíamos dejado. Cuando nos vio, vadeó hasta llegar a la orilla y subió para decirnos lo mala que había estado la pesca. Solo había atrapado un par de peces pequeños.

Mientras reflexionaba en esa experiencia, no pude dejar de verla como una lección de vida. Aunque todos teníamos la visión de atrapar una trucha grande en nuestra corta excursión, todos habíamos usado métodos diferentes, y cada uno involucraba diferentes niveles de compromiso.

Hablar al respecto

El primero y más bajo nivel de compromiso con respecto a una visión es hablar de ella. Desafortunadamente, la mayoría de nosotros nos comprometemos a este nivel en la mayoría de los aspectos de nuestra vida. Hablamos de ganar más dinero, encontrar esa relación especial, perder peso, comer mejor o atrapar una trucha. Cuando nos comprometemos en algo al nivel de solo hablar de eso, en realidad no sucede nada. A veces, hablar de algo que deseamos o un sueño que tenemos puede ser útil para crear un cimiento firme para una visión. Pero no es una visión cuando nos quedamos "hablando al respecto", porque todavía no hemos corrido ninguno de los riesgos, en términos de tiempo, esfuerzo o dinero, que son esenciales para que una visión de verdad tome forma. Son como mi amigo que se quedó en la orilla y habló acerca de dónde podían estar los peces en lugar de involucrarse en la pesca.

Hacer lo conveniente

El segundo nivel de compromiso es hacer solo lo conveniente. Mi amigo que nunca se aventuró a recorrer más de cincuenta metros desde donde estaba el auto se comprometió a este nivel. Como en la vida tantas personas se comprometen al nivel de lo "conveniente", tenemos menos probabilidades de encontrar alguna recompensa o hacer algún impacto cuando jugamos dentro de esos límites.

Una amiga mía es una gran defensora del medio ambiente. Ella lee libros, compra productos orgánicos y hace más que solo hablar acerca de cómo debemos limpiar el planeta. Su padre vive en el estado de Washington, donde tienen tres diferentes botes de basura para diferentes tipos de reciclaje. Cada vez que visita a su padre, mi amiga hace comentarios sobre la importancia de reciclar y cómo desea que en nuestra comunidad también recicláramos.

La verdad es que en nuestra comunidad sí reciclamos, pero no de manera tan conveniente como en otras áreas. Y aunque mi amiga estaba haciendo más que solo hablar sobre el medio ambiente, solo aprovechaba las oportunidades que le resultaban más convenientes para ser consciente del medio. A este nivel de compromiso, ella difícilmente podría lograr muchos de sus sueños más altruistas sobre tener un mayor impacto en el medio ambiente. Hace pocos meses, esta amiga asistió a uno de los talleres que yo había facilitado, en el que hablé sobre estos niveles de compromiso. Ella reconoció que solo había estado dando los pasos convenientes para hacer realidad su visión "verde". Al día siguiente, cuando su esposo llegó a casa, su despensa había sido invadida por tres grandes botes verdes de basura que su esposa había comprado. Uno de ellos decía en una etiqueta "papel", otro decía "plástico" y el otro decía "aluminio". Ahora, cada semana, ella sube los tres botes de basura a su auto y los lleva al lugar de reciclaje local.

Quienes nos estancamos en el nivel de "conveniencia" en el compromiso, por lo general esperamos que otros se comprometan antes de nosotros actuar. A menudo esperamos que otra persona nos pase la pelota antes de estar dispuestos a entrar al juego. Esperamos que nuestras circunstancias cambien. Decimos cosas como, "si tuviera el dinero...", "Si mi esposa hiciera esto, entonces...", "Cuando tenga más tiempo, voy a...". Quienes nos comprometemos únicamente a este nivel, estamos dispuestos a arriesgar lo que no nos importa perder. Pero mientras elijamos el método conveniente, es probable que nuestros resultados nunca cambien.

Hacer lo que es seguro

Mi propio método cauteloso para pescar en ese viaje con mis amigos es una buena ilustración de esta tercera manera de abordar la visión. Fui más allá de lo conveniente y me esforcé en caminar mucho más allá de donde estaba el auto. Pero me detuve cuando comencé a sentirme incómodo. Estaba dispuesto a ir tan lejos como pudiera mientras siguiera sintiéndome seguro. Cuando el agua comenzó a empujar con más fuerza mis piernas y me preocupé por caer, decidí que ya había ido demasiado lejos. La parte divertida para mí, en retrospectiva, tiene que ver con una de las principales razones para jugar dentro de lo seguro: no quería que el agua se metiera en mi traje. No quería estar incómodo, aunque las circunstancias en realidad no presentaban algún problema de seguridad que constituyera una amenaza grave contra mi vida. Muchos de nosotros dudamos de la misma manera para sobrepasar nuestros propios límites prácticos de la zona de comodidad. En otras palabras, decimos que queremos resultados muy diferentes sin estar dispuestos a aplicar cambios dramáticos a nuestros niveles de compromiso.

A menudo, nuestras propias definiciones de "seguridad" tienen mucho más que ver con seguridad emocional que con seguridad física. El miedo al fracaso y el rechazo o las inseguridades con relación a nuestras capacidades para tener éxito, pueden ser obstáculos formidables o incluso abrumadores. Quizás tengamos miedo de cómo nos ven los demás, y nos preocupe imponernos sobre otros o hacerlos sentir incómodos. A veces, el tema de la seguridad que nos retiene tiene que ver con la parte económica. Quienes nos comprometemos dentro de lo seguro, tenemos la tendencia a aplicar recursos financieros a nuestra visión en la medida en que no pongamos en peligro nuestra red de seguridad financiera. Lo mismo se puede decir del tiempo y la emoción que estamos dispuestos a invertir. Tomar la ruta segura puede hacer que obtengamos una "A por esfuerzo", pero nunca cosecharemos ni una fracción de las recompensas que obtendríamos si nos involucráramos "de lleno".

Inmersión

El último y más alto nivel de compromiso es la inmersión. Este método lo demostró, desde luego, mi amigo de pesca con mosca que estaba dispuesto a perder el equilibrio un poco y empaparse con el fin de capturar un enorme pescado. Es esta disposición a sumergirnos la que nos da la capacidad de hacer realidad nuestras visiones, así a veces nos sintamos como si estuviéramos de cabeza. Quienes han aprendido a sumergirse en sus visiones con el fin de alcanzarlas, han cambiado "listas de deseos" por "listas de tareas". Han aprendido a concentrarse en los elementos cruciales de sus visiones y a atacarlos con una consumidora venganza. Y así como la inmersión ofrece muchas y mejores posibilidades para un gran éxito, también presenta más oportunidades para fracasos desastrosos. De hecho, quienes se sumergen en las visiones de sus vidas tienen unos de los fracasos más espectaculares que jamás haya visto. Habiendo dicho eso, también experimentan de manera consistente niveles de éxito mucho más altos y casi inimaginables. De hecho, estas son personas que tienen garantizado el éxito con el tiempo, así como los casinos tienen la certeza de ganar si sus clientes apuestan durante el tiempo suficiente.

En el caso de mi amiga y su pasión por el medio ambiente, la "inmersión" se puede traducir en coordinar esfuerzos para reciclar en su vecindario, trabajar con el gobierno local y las empresas de manejo de desperdicios para facilitar el reciclaje, creando así antesalas políticas, empresas con ánimo de lucro, foros educativos e incluso movimientos nacionales o mundiales. O podría encontrar otros grupos ya establecidos que coincidan con o apoyen su visión, y contribuir con sus esfuerzos. Cualquiera sea la forma que tome la inmersión total en su visión, sin duda puede progresar en un grado de satisfacción sin precedentes, porque la inmersión, ya sea en los negocios, el trabajo, el matrimonio, la paternidad, la política o las causas humanitarias, produce éxito. El fracaso no es una opción para quienes se sumergen de esta manera. El nivel de inmersión trae a la mente la estrategia de Hernando Cortéz cuando llegó a la península de Yucatán. "Quemen los barcos", les había dicho a sus hombres. "Si hemos de volver a casa, lo haremos en sus barcos". Eso es lo que se llama "entrega total". Piensa en cualquier persona que conozcas que se haya embarcado en su visión o causa y sabrás de qué estoy hablando.

Las personas promedio

Tocan el agua con la punta del dedo del pie, hablan al respecto, hacen lo que es conveniente, hacen lo que es seguro.

Las personas exitosas

Se sumergen en su visión.

Nuestras visiones no se pueden hacer realidad hasta que estemos dispuestos a comprometernos con ellas al más alto nivel. En nuestras vidas, surge una nueva dimensión cuando nos rendimos voluntariamente a nuestra visión, en lugar de hacerlo en los términos de otra persona. El aprendizaje se acelera, los fracasos se convierten en oportunidades para aprender y, en lugar de escondernos en nuestras nociones preconcebidas de lo que somos, cómo funcionan las cosas y cómo deberían ser, nos abrimos a nuevas ideas y posibilidades, avanzando sin problema hacia nuestra visión, permitiendo que sirva como nuestro faro guía que nos lleva más allá del *statu quo*.

Debería reiterar que los primeros tres métodos que describí antes no son condenables. De hecho, son pasos esenciales por los cuales podemos desarrollar una visión. Pero mientras no estemos listos para involucrarnos de lleno, la visión nunca progresará más allá del estado de fantasía. Mientras no estemos dispuestos a hacerlo, sentiremos que estamos estancados en lugar de avanzar. Para el desarrollo de este libro, pasé por cada uno de estos diferentes métodos. En principio, el concepto de las "5 leyes" surgió cuando comencé a analizar los vacíos entre el éxito y el fracaso de las personas con quienes trabajaba. Durante los primeros seis meses, hablé al respecto, y mucho. Cada vez que tenía la atención de alguien por unos minutos, yo trazaba mapas, sopesaba y hacía que me escucharan el concepto de las 5 leyes. Las leyes iniciales incluso comenzaron a cambiar con estas conversaciones; fue una parte saludable del proceso en general para mí, aunque estuve estancado en esa etapa por mucho tiempo.

Luego, las leyes se refinaron lo suficiente, al punto de que supe que era hora de pasar a otro nivel. Esto porque había hablado sobre ellas tantas veces y con tantas personas, que ya me sentí cómodo para invertir en el concepto más allá de solo hablar al respecto. También estaba comenzando a tener un sentimiento de estancamiento cuando hablaba con otros sobre el tema. Así que me reuní con unos asociados y comencé a crear una marca para el concepto. En poco tiempo, y con una inversión más bien pequeña, teníamos una apariencia memorable para el concepto de las 5 leyes. Teníamos la fortuna suficiente de ya tener en el equipo un excelente diseñador, así que nuestra inversión fue mínima y conveniente. Aprovechamos los recursos que ya teníamos a nuestra disposición. Pero aún en ese momento, después de aplicar el diseño a los materiales de información que ya había preparado, todos vimos que lo que en realidad necesitábamos era un libro con todas las reglas. Sin embargo, yo no estaba preparado para hacer el compromiso financiero, espiritual, emocional y de tiempo para desarrollar el concepto de las 5 leyes en el formato de libro.

Para mí era más fácil implementar los conceptos de las 5 leyes en los seminarios que comenzar a escribir un libro. Me sentía mucho más capacitado y cómodo comunicando conceptos de manera verbal que poniéndolos por escrito. Así, aunque tuvimos que invertir una gran cantidad de tiempo en volver a marcar algunos de nuestros materiales y desarrollar un taller efectivo sobre las 5 leyes, todavía me encontraba dentro de mi zona de confort. Comparado con liderar un taller, uno contiende con un desalentador nivel de permanencia cuando escribe un libro, y yo estaba muy consciente de eso. Durante meses y meses, la biografía de mi taller incluía una frase que, al parecer, tenía que actualizar de manera constante: "El primer libro de Brett se publicará en el próximo otoño... invierno... primavera... verano... otoño", y así sucesivamente. Terminé por eliminar por completo esa frase de mi biografía, porque en el fondo sabía que en realidad no estaba comprometido con el proceso de escribir un libro. Estaba estancado en lo que para mí era la manera más segura de hacer circular estas ideas, así impactara únicamente a una fracción de todas las personas que había visualizado en un comienzo. En realidad, todavía no estaba dispuesto a dedicar mi corazón y mi alma a escribir el libro, así que no estaba viviendo la visión que solo defendía de labios. Cientos de veces durante los últimos años me encontré con la pregunta: "¿Cuándo se publicará el libro?" y yo daba una débil respuesta que empujaba el objetivo hacia el futuro.

Finalmente, cuando ya no pude soportar más los efectos de la dilación, una mañana me levanté y llamé a mis socios. Les dije lo que estaba haciendo y les pedí que me tuvieran paciencia por unos meses mientras me alejaba para escribir el libro. Ellos estuvieron de acuerdo y yo comencé el agotador proceso de articular, de manera extendida, el concepto de las 5 leyes por escrito. Por meses comí, tomé y dormí sobre el libro. Me abrí a escuchar opiniones, saboreando las críticas, los desafíos y las perspectivas de otros. Pasé miles de horas frente a la pantalla de una computadora, pasando por alto muchas oportunidades de participar en búsquedas más placenteras, de las cuales más de unas pocas personas pueden dar fe. Acordé con mi familia, socios, amigos e incluso con mis clientes que yo estaría disponible para pasar mucho más tiempo con ellos cuando terminara este proyecto. También les pedí que me dieran impulso, y así lo hicieron. Ahora que el libro está terminado, te relato este proceso no para reclamar un Premio Pulitzer, sino para demostrar que, cuando hablo de la diferencia entre sentirse estancado y en movimiento, así como de la satisfacción personal que viene de hacer realidad una visión, estoy hablando por experiencia propia.

CAPÍTULO TRES

La visión es la clave
que libera la profundidad

Al aclarar nuestra visión y sumergirnos en ella no podemos evitar encontrar manantiales de innovación y creatividad en nuestro interior que ni siquiera sabíamos que ahí estaban. Mucho de esto tiene que ver con la tendencia humana a abordar la vida como algo totalmente limitado por el tiempo. Trazamos el curso de nuestras vidas y justificamos los resultados según el tiempo. Mira el siguiente gráfico circular. Todo el gráfico representa las 24 horas que tenemos a nuestra disposición durante un día. Los segmentos del gráfico representan las diferentes áreas de la vida que la mayoría de nosotros consideramos importantes. Estos segmentos pueden variar de persona a persona, pero es muy probable que incluyan trabajo, familia, recreación, sueño, ejercicio/salud, actividades sociales y actividades espirituales.

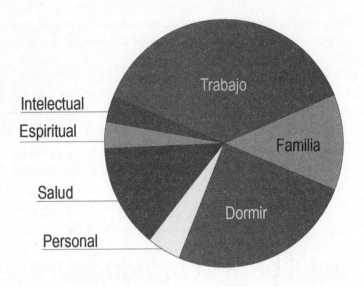

Esta perspectiva de la vida trata el tiempo como un recurso finito que gobierna de manera estricta nuestra capacidad de contribuir y prosperar. Muchos pasamos buena parte de nuestras vidas tratando de encontrar el equilibrio perfecto entre estos diferentes segmentos. El problema inherente a este sistema es que, para mejorar el tamaño de cualquier porción, se debe reducir de tamaño otra porción. Cuando más grande sea la porción del trabajo, es muy probable que la familia, representada por su propia porción reducida, sea la que sufra. O quizás sea la salud o la espiritualidad las que se vean disminuidas. Algunos de nosotros incluso omitiremos segmentos completos de nuestras vidas con el fin de concentrarnos en lo que consideramos importante. Es un intercambio frustrante, y la mayoría estamos familiarizados con él. Pero hay noticias: el equilibrio perfecto que todos deseamos es una ilusión. No existe, y no puede existir, por la estricta naturaleza finita del tiempo. Y es el tiempo el que nos impide alcanzar nuestra visión y nuestros sueños. Pregúntales a quienes llevan vidas impulsadas

Equilibrio del tiempo

por sus visiones y que tienen las mismas restricciones de tiempo que todos los demás. Todos tenemos las mismas veinticuatro horas.

Quizás el peor aspecto de ver la vida en términos de limitaciones de tiempo es que afecta nuestra capacidad de ver otras opciones. El estrés constante que surge de negociar estos recursos finitos ha incapacitado a muchos y se le puede considerar el responsable de una parte considerable del cansancio y la depresión. Ante todo esto, muchos deciden darse por vencidos y no tienen sentido intentarlo, porque sencillamente no hay tiempo suficiente. Este tipo de pensamiento, que se preocupa en exceso por los segmentos de tiempo que no se tienen en el presente, tiene el poder de sabotear todas las actividades en las que participamos. Nos encontramos dedicando nuestro día de trabajo a pensar en estar en casa con nuestros hijos y, cuando de verdad estamos con ellos, nos preocupamos por lo que sucede en el trabajo. En el trabajo soñamos con jugar y, mientras jugamos, nos estresamos por el trabajo. Sin embargo, las personas más exitosas que conocemos parecen tener abundancia de tiempo a pesar de los mismos tipos de actividades, e incluso eso también demanda su atención.

Si bien la tecnología ha facilitado muchos aspectos de nuestras vidas diarias, también nos ha presentado obstáculos nuevos que obstruyen nuestra capacidad de dividir, concentrarnos y estar en el momento específico de cada área de nuestras vidas. Gracias a los teléfonos celulares, los buzones de voz y la mensajería instantánea, cada vez somos más adictos a respuestas en tiempo real a problemas que suelen distraernos de las tareas que tenemos a la mano. Cuando estamos pasando tiempo con la familia o participando en actividades recreativas, nos sorprendemos atendiendo una interminable avalancha de comunicaciones que a nuestro parecer exigen nuestra atención en ese momento. Y cuando estamos trabajando, recibimos llamadas y mensajes de texto de nuestro cónyuge y nuestros hijos que nos hacen distraer. Aunque las personas que tienen el talento de la multitarea gozan de una gran ventaja en nuestro estilo de vida moderno y orientado hacia los dispositivos electrónicos, quienes se conceden participar de forma plena en determinada actividad porque operan en un paradigma diferente a solo el tiempo también tienen ventajas.

Nosotros mismos nos causamos un gran perjuicio cuando enmarcamos nuestras vidas como si fueran emprendimientos de una dimensión, sujetos por completo a los límites del tiempo. Al hacer esto, pasamos por alto el elemento de la profundidad. La profundidad es el ingrediente secreto que los *über-exitosos* conocen, y que añade masa a los trozos de vida que a veces consideramos como simples astillas. Después de agregar el elemento de la profundidad a nuestro gráfico de porcentajes, se podría ver de la siguiente manera:

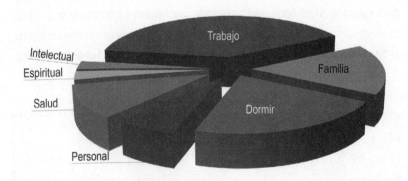

Estos son los mismos segmentos de la vida que ilustramos en el primer gráfico, pero ahora son multidimensionales y, por lo tanto, son una representación más acertada de cada segmento tal como lo experimentan quienes se involucran a fondo en ellos. Todos tenemos la capacidad de cambiar el tamaño general de cada trozo al ahondar en nosotros mismos y dar más de lo que tenemos. Cuando llevemos pasión y profundidad a nuestro trabajo, floreceremos en nuestra labor. Cuando llevemos esos elementos a nuestra familia, la familia cosechará los beneficios junto con nosotros. Cuando los llevemos a nuestra salud, seremos más fuertes. El añadir profundidad de esta manera también hace posible que disminuyamos el valor de la fracción de determinado trozo y, al mismo tiempo, le sumemos más volumen. En cierta manera, tenemos el poder de crear tiempo o, de hecho, de extenderlo.

La conocida dicotomía de "calidad vs. cantidad" se aplica en este punto. Los padres pueden pasar menos tiempo con sus hijos si trabajan en fomentar con ellos relaciones significativas y alentadoras. Los gerentes y empleados que llevan su pasión y compromiso a la excelencia para trabajar con ellos no solo mejora su desempeño, sino también el de todo el equipo, haciendo que la carga de trabajo de todos sea menor. Las personas exitosas pueden generar resultados sobresalientes usando mucho menos tiempo que quienes no reconocen el poder de añadir profundidad a sus recursos que parecen ser finitos. Y al aprender a ver sus recursos de tiempo de manera multidimensional, rara vez se desvían con los bloqueos que pueden llevar a otros a renunciar.

Las personas promedio

Se concentran en el equilibrio de la vida.

Las personas exitosas

Se concentran en la profundidad de la vida.

Por ejemplo, un joven a quien estaba entrenando quería saber cómo ganar más dinero en su naciente y estancada carrera en una tienda local de autopartes. Él estaba teniendo dificultades con este concepto de profundidad. Para ayudarle, traduje la profundidad a una frase que sabía lo llevaría a un nivel de profundidad que todavía no había aprovechado en su trabajo. Siempre que algo tuviera que hacerse, ya fuera o no tu trabajo, él respondería "yo me hago cargo de eso". Para él fue una transición difícil e iba en contra de la cultura del negocio cuando las tareas que nadie quería hacer se pasaban de persona a persona y gran parte del tiempo quedaban sin hacer. Su nuevo compromiso con la profundidad en el trabajo, significaba que se ocuparía de todas las tareas que se debían hacer con una actitud de "estar a cargo". Cuando había un nuevo cargamento de inventario listo para ser acomodado, tú lo escuchabas gritar "yo me hago cargo", descargándolo todo en horas en lugar de los típicos tres a cinco días. Cuando el timbre de la puerta sonaba, indicando que un cliente había entrado a la tienda, de inmediato escuchabas un ya conocido "yo me hago cargo", y hacía a un lado lo que estaba haciendo. En un principio, sus jefes se burlaron de su euforia juvenil. Pero pronto observaron el impacto que su desempeño tenía en la tienda y, más importante aún, en los clientes con quienes trabajaba. Los clientes empezaron a preguntar por él. Había comenzado con un salario de siete dólares por hora.

En semanas, obtuvo un aumento de nueve dólares y pocas semanas después, de doce. Poco tiempo después, llegó una promoción profesional a gerente asistente y luego a gerente comercial junto con sus respectivos aumentos de salario. Un año después, estaba ganando más que el gerente y otros empleados que habían estado trabajando ahí por mucho más tiempo. Estoy seguro que, si alguien está comprometido con vivir a fondo, puede comenzar asando hamburguesas en McDonald's y terminar siendo el propietario en un par de años.

CAPÍTULO CUATRO

La visión da dirección

Es imposible sumergirte tú mismo en algo que no quieres. Casi todos los meses tengo la oportunidad de realizar un entrenamiento de desarrollo personal durante cuatro días en la Fundación *Great Life*, una organización sin fines de lucro en Salt Lake City, Utah. Los participantes suelen ser de cuarenta a sesenta personas de todas partes del mundo. Algunos de ellos son doctores, abogados y empresarios. Otros son personas sin empleo o han recibido condenas de parte del sistema legal. Algunos son adinerados y otros son indigentes. Sus edades oscilan entre los diecisiete y los cien años. En promedio, acuden la misma cantidad de hombres y mujeres, y todos ellos se han enterado del entrenamiento solo por voz a voz. Casi todos conocen a alguien que ya ha participado en otra ocasión. Suelo comenzar las sesiones preguntando a los asistentes por qué están ahí. Casi siempre las respuestas son vagas y "no sé" es la más común. "¿Qué quieres experimentar?" o "¿cómo quienes sentirte al finalizar este entrenamiento?" parecen preguntas que deberían tener respuesta entre personas que acaban de pagar varios cientos de dólares y han comprometido cuatro días de su vida.

Por lo general, tengo que llegar a sus respuestas con preguntas circundantes tales como: "¿cómo se encuentran tus relaciones más importantes?" o "¿cómo te está yendo en tu carrera?" o "¿qué pensó la persona que te habló de este entrenamiento que podías obtener del mismo?". Aún en respuesta a preguntas tan directas, la mayoría de personas exagera su condición en las áreas más importantes de sus vidas, y no son pocas las que han perdido contacto con los sueños y visiones que, en un principio, las impulsaban. Sin duda, existe una correlación entre el nivel de éxito de las personas en sus relaciones, su espiritualidad, sus las finanzas, y la fuerza general de su visión. Habiendo dicho esto, muchos luchan con describir lo que quieren en la vida, incluso en los términos más vagos. Se comprometen en sus relaciones y actividades más significativas sin una visión clara de un resultado deseado. Al no tener esa visión, pasan la vida sin conocer su potencial y terminan acomodándose a la mediocridad a la que se han acostumbrado.

Cuando se les presiona con las preguntas que mencioné antes, la mayoría responden diciendo lo que no quieren. "No quiero tener más miedo", "no quiero enojarme tanto, "no quiero estar triste, deprimido, en la pobreza, estresado" y cosas por el estilo. Muchos se estancan en sus vidas debido a los bajos estándares que establecen esos "no quiero". "Mi esposa y yo tenemos un gran matrimonio, porque no queremos tener discusiones". Un amigo que había estado en prisión me dijo que le estaba yendo bien en la vida porque no estaba en la cárcel. Un adicto a las drogas explicó que la vida iba bien porque había estado limpio durante treinta días. No quiero menospreciar los logros de no discutir con tu cónyuge, estar fuera de la cárcel o no haber probado drogas durante el último mes, pero expresar esos valores en términos de lo que no se desea dificulta el avanzar hacia adelante. Aunque mirar lo que no quieres en algunos casos puede servir como catalizador para avanzar un poco, esta táctica suele crear más de lo que ya tienes. Es como llamar a un agente de viajes para comprar un boleto de avión y decirle: "no quiero ir a Los Ángeles". Aunque podemos eliminar sin problema una de las ciudades a las que vuela la aerolínea, en realidad eso no nos lleva a ninguna parte.

En mi negocio, encuentro respuestas similares. Mi empresa trabaja con propietarios de empresas pequeñas en todo el mundo, ayudándoles a lograr mayores niveles de éxito. Cuando hablamos con estos pequeños empresarios por primera vez, hacemos muchas preguntas acerca de lo que quieren. La mayoría no tiene claridad. Muchos dan respuestas similares a las de las personas que reciben entrenamiento que mencioné antes. "No quiero estar sobreviviendo a cada pago de salarios", "no quiero trabajar tantas horas", "no quiero que mis empleados se aprovechen de mí", "no quiero tener una cartera de cuentas por cobrar tan elevada". Hasta las declaraciones afirmativas son tan diluidas, que tienen el mismo efecto que las declaraciones del estilo "no quiero...": "quiero ganar más dinero", "quiero mejores empleados" y "quiero crecer más" son afirmaciones benignas que reducen un poco el punto de enfoque, pero no lo suficiente como para producir un sentido claro de dirección.

Las personas promedio

Se concentran en lo que no quieren.

Las personas exitosas

Se concentran en lo que quieren... siempre.

Muchas de las personas y empresas que observo carecen del sentido de dirección que da el tener una visión clara. Muchos usan la versión *Whack a Mole* de la vida o los negocios, parándose quietos y golpeando los problemas al momento que surjan. Esta versión se basa únicamente en nuestras reacciones a lo que nos sucede. Es un método de estancamiento y poco estimulante que puede parecer mucho más interesante y retador de lo que es debido al drama del que golpea los problemas. Cualquier problema menor parece mucho más épico cuando se le añade algo de drama al proceso. Y problemas como este nos pueden mantener ocupados, así no estemos avanzando hacia un resultado determinado.

Peor aún, este método también pierde la profundidad y la creatividad que viene de la inmersión en una visión clara. Quienes se embarcan en las actividades de la vida sin ninguna visión, ni los hábitos con miras hacia adelante que esta proporciona, son como conductores de automóvil que solo usan sus espejos retrovisores. Aunque puedes ver todos los obstáculos que ya has golpeado cuando conduces de esa manera, estás rechazando la oportunidad de mirar hacia adelante y evitar esos inconvenientes.

En uno de los entrenamientos que dirigí hace poco, escuché una historia que es muy común. Me encontraba entrevistando a una mujer que había estado en muchas relaciones sentimentales durante quince años después de su primer divorcio. La conversación fue similar a lo siguiente (la llamaré Mary):

Yo: ¿Por qué estás aquí y por qué has venido a este taller?

Mary: No lo sé, supongo que quiero aprender un poco más acerca de mí

Yo: Específicamente, ¿qué quieres aprender de ti?

Mary: No lo sé. Siempre siento que puedo ser mejor

Yo: ¿Puedes ser más específica?

Mary: No lo creo

Yo: ¿Cómo son tus relaciones?

Mary: ¿A qué te refieres?

Yo: ¿Cómo son tus relaciones más importantes?

Mary: ¿Te refieres a mis relaciones con los hombres?

Yo: Sí, comencemos por ahí

Mary: Durante toda mi vida, he estado con muchos hombres increíbles. Es solo que no he encontrado al hombre correcto

Yo: ¿Cómo sería ese "hombre correcto"?

Mary: Esa es una buena pregunta

Yo: Por eso la hice

Mary: Sé que no quiero a alguien que me quiera controlar, odio eso. Tampoco quiero a alguien que sea abusivo. Ya he vivido eso antes

Yo: Eso es lo que no quieres. ¿Qué es lo que quieres?

Mary: No quiero estar preocupada porque me vaya a abandonar o no. De hecho, he decidido que no quiero a un hombre en mi vida ahora. Prefiero concentrarme en mis hijos adolescentes

Yo: ¿Es eso lo que quieres?

Mary: Parece que yo no puedo encontrar la clase de hombre correcto

Durante la siguiente media hora, seguimos dando las mismas vueltas. No es de extrañar por qué estaba tan decepcionada con las relaciones. No solo no sabía lo que quería, sino que tampoco habría podido reconocer al hombre correcto si alguna vez hubiese llegado. Esto generó una existencia frustrante para ella que probablemente generaba la misma frustración en cualquier persona que hubiese querido estar en una relación con ella. Durante los siguientes días, al comenzar a explorar lo que quería y a qué se comprometía, su perspectiva de vida y energías cambiaron por completo.

Mis conversaciones con empresarios no suelen ser mejores.

Yo: ¿Cuáles son tus ingresos anuales a la fecha?

Empresario: ¿Hasta hoy?

Yo: Sí

Empresario: No tengo idea

Yo: ¿Cuáles creerías que son tus ingresos?

Empresario: $1,5 millones

Yo: ¿En este punto del año, vas por el camino correcto en relación con los ingresos que planeaste?

Empresario: ¿A qué te refieres?

Yo: ¿Tienes una cifra de ingresos que estableciste como meta para el año?

Empresario: En realidad no, solo estamos tratando de tener cifras más altas que las del año pasado

Yo: ¿Cuáles fueron tus ingresos el año pasado y cuánto quieres crecer este año?

Empresario: No estoy seguro

Yo: ¿Tienes una estrategia de cierre para tu empresa?

Empresario: ¿A qué te refieres con eso?

Yo: ¿Cuál es tu plan o visión para salir de esta empresa en determinado punto?

Empresario: Eso es lo que pensé que querías decir. Estoy tan ocupado administrándolo que ni siquiera he pensado en lo que quiero hacer con ella. No estoy seguro si alguien quisiera comprarla

Yo: No me sorprende

Y así sucesivamente. ¡No es de extrañar por qué personas así y sus organizaciones tienen tantas dificultades! Es imposible sumergirse en lo que no quieres.

También, concentrarse en lo que no quieres en la vida, por lo general, conlleva energía negativa, enojo y frustración. Solo piensa en la energía detrás de las cosas que no quieres. Observa cómo esa energía te vincula a tu historia. Concentrarse en lo que no quieres crea esos ciclos descendentes de los que hablamos antes.

"No quiero estar en una relación con un jefe que sea desconsiderado y controlador". Observa la energía que conlleva esa declaración. ¿Es pacífica y progresista? ¿O es sofocante? Si fueras a trabajar con esa actitud, ¿en qué grado crees que tu jefe vería la necesidad de dirigirte, ocuparse de ti o controlarte? ¿A qué se inclinaría más tu jefe, a ser considerado o todo lo contrario? ¿Los filtros a través de los que vieras las cosas te harían ver el lado controlador y desconsiderado, o los aspectos más amigables y confiables? Quienes todo el tiempo están a la defensiva de lo que no quieren tienden a fallar de perspectiva, de hecho, terminan viendo lo que no quieren.

En lugar de servir como enfoque sobre qué es lo que no queremos, una visión es un punto de referencia fijo que establece una dirección. Es una medida contra la cual puedes medir de manera constante tus resultados. La mayoría de visiones no solo las impulsan los resultados tangibles, sino también los poderosos sentimientos que acompañan a esos resultados. Una visión es más que un deseo imaginario. Es mucho más profunda que eso. La visión puede ser considerada un sinónimo de la palabra compromiso.

Una visión, de nuevo, es algo tan importante que el fracaso no es una opción. Una visión es un motivador poderoso que pasa a ser parte de lo que tú eres.

Las personas promedio

Ven el tiempo, el dinero y otras consideraciones como la razón por la cual no alcanzan su visión.

Las personas exitosas

Actúan a pesar de la falta de tiempo, dinero y otros aspectos que puedan parecer necesarios.

Sin visión, nuestro movimiento suele asemejarse a algo que podemos llamar el "camino de hormigas". Imagina una colonia de hormigas que deambulan por todas partes en busca de alimentos. La mayoría de hormigas siguen a la hormiga que va frente a ellas y, si dibujaras una línea desde la colonia de hormigas hasta la fuente de alimentos que buscan, sería más probable hacerlo divagando y zigzagueando al azar. Las hormigas permanecen ocupadas, pero no necesariamente producen resultados óptimos. Las hormigas suelen no encontrar fuentes de alimentos cercanos, porque su camino se basa mucho en la casualidad. Y aunque la visión no necesariamente nos garantiza un camino derecho, sí nos da una ventaja significativa frente al recorrido aleatorio de una hormiga.

Las personas entre nosotros, que son motivadas por la visión, entienden que la visión de alguien es una forma de vida y no algo en lo que apenas se incursiona. Y la visión de una persona puede abarcar muchos niveles diferentes. La mayoría de personas de gran éxito con quienes trabajo tienen una visión para la vida. Ellos ven sus vidas completas en términos de una visión global que cubre todos los aspectos de lo que hacen. Uno de mis clientes más exitosos incluso decidió reemplazar el título de Director Ejecutivo en su tarjeta de negocios por el título "visionario". Para él, esa descripción representaba el núcleo de sus responsabilidades de liderazgo para su compañía. Él lleva esa misma mentalidad de visionario a su relación con su esposa e hijos. No es una sorpresa que su empresa haya prosperado durante los últimos años, incluso en medio de adversidades económicas, al igual que su vida de familia.

Los verdaderos visionarios llevan su sentido de visión hasta las conversaciones y decisiones más comunes. Las siguientes son algunas preguntas que los visionarios pueden preguntar de forma rutinaria:

- ¿Cuál es el resultado o sentimiento que estamos buscando?

- ¿Cómo sabremos que hemos llegado?

- ¿Cómo yo, y los demás de mi equipo, sabremos si estamos alcanzando nuestra visión? (Los sentimientos son parte importante de cualquier visión. Son tan importantes como los resultados tangibles).

- ¿Cuáles van a ser los indicadores que nos dirán que vamos por buen rumbo para alcanzar nuestra visión?

- ¿Dónde estamos ahora?

- ¿Qué estoy haciendo de forma activa hoy para llegar a mi visión?

Observa que, en las preguntas anteriores, los resultados tienen una relación estrecha con la visión. Conocer lo que quieres y cuándo has llegado es algo crítico para hacer que tu visión sea una realidad.

Además de aplicar su visión a metas de largo plazo, los visionarios también la usan para abordar los problemas cotidianos, con lo cual refuerzan su papel en el marco global. Hace poco estaba teniendo una discusión sensible con mi hijo adolescente. En lugar de la usual discusión exabrupta que estaba propenso a tener, dediqué tiempo a formular una visión para los resultados de esa conversación. Por sobre todo, quería asegurarme que, durante la conversación, mi hijo supiera que lo amo. Esa visión equilibró la conversación. Fue un punto de referencia que pude usar para medir cada cosa que le decía. Cuando sentía que me deslizaba hacia los antiguos hábitos de frustración y enojo, la visión consciente y comprometida de que mi hijo supiera que lo amaba me hacía replantear o eliminar al tiempo los comentarios frustrados y de enfado.

Observa la diferencia entre la visión de que mi hijo supiera que lo amo frente a un discurso preparado respecto a cómo debería ser la conversación. A veces he intentado esa versión mecánica de controlar un resultado al establecer el guion que quisiera seguir, pero me ha resultado difícil hacer que los demás sigan el guion que he organizado con tanto cuidado. Recuerda que la visión no controla los procesos, solo los resultados. Una de mis mentoras, Joel Martin, me enseñó la importancia de tener una perspectiva de visión incluso al enfrentar objetivos diarios. Ella comienza cada día de los entrenamientos que hacemos juntos, haciendo un claro compromiso con un resultado u objetivo. De lo que he experimentado, esa dirección y enfoque produce de manera consistente resultados más profundos que la versión "has lo mejor que puedas hacer" que he usado en el pasado.

Las personas promedio

Se concentran en el cómo (la mecánica).

Las personas exitosas

Se concentran en el qué (visión o resultado).

A medida que trabajamos en proyectos e interactuamos con los demás, la visión puede servir para romper con patrones y hábitos viejos, porque podremos reconocer mejor que no nos acercarán para nada al logro de nuestros objetivos. Ellos retan el *statu quo* cuando no estamos alcanzando nuestras metas. Cuando tenemos claridad de los "qué" (visión), los "cómo" (la mecánica) tenderán a fluir de manera natural.

En las décadas de los cincuenta y los sesenta, Japón enfrentó un problema de percepción global. Sus productos en gran medida eran vistos como baratos y hechos de mala calidad, de la misma manera como muchos hoy en día perciben la conocida y estigmatizada etiqueta "hecho en China". Una compañía, Sony, desarrolló la visión de cambiar la imagen negativa a nivel mundial de los productos japoneses. Esta se convirtió en la declaración de misión y visión de la compañía y, en consecuencia, propulsó cualquier decisión que tomaron durante la siguiente década y más allá. Sony dio inicio a un movimiento en Japón que luego lo adoptaron Nissan y Toyota, con el fin de establecer estándares de clase mundial en los productos japoneses. Esta visión penetró las decisiones cotidianas y actividades de esas compañías, poniendo en marcha poco a poco la percepción global que hoy en día tiene Japón como líder innovador de producción con productos de primera calidad.

Tan pronto una visión poderosa alcanza el impulso necesario, las otras leyes también pueden comenzar a tener efectos positivos. La falta de movimiento fomentará el fracaso y la frustración, así como la sensación de no tener el control.

CAPÍTULO CINCO

Comunicación impulsada por la visión

¿Cómo le imprimimos visión a una situación de estancamiento que necesita con urgencia entrar en movimiento? Por lo general, trabajo con personas, parejas, familias, socios, equipos y grupos para resolver conflictos. Mi primer contacto es establecer "acuerdos a nivel de visión". Aunque reconozco el valor del conflicto saludable, gran parte del conflicto tiende a surgir de una visión pobre, vaga o inexistente en lo absoluto. Con frecuencia, encuentro que, para que los equipos colaboren, las relaciones sanen y haya progreso en general, el esfuerzo sencillamente necesita una visión clara.

Hace varios meses conocí a dos socios de negocios que estaban teniendo muchas dificultades. Lo que hacía que la situación fuera difícil en particular era el hecho de que ellos eran hermanos. Uno de ellos decía abiertamente cuánto odiaba a su hermano mayor. Cualquier reunión que tenía, terminaba con uno de los dos abandonando la sala. Los dos tenía largas listas de reclamos contra el otro. Y estaban de acuerdo en muy pocas cosas. Cada uno se oponía a cualquier cosa que sugiriera el otro, al parecer, solo por ser antipático. Su comportamiento había afectado en gran medida la empresa que tenían y las relaciones con otros familiares que sentían que debían tomar bandos en el conflicto. Ambos estaban amenazando con entrar a competir entre los dos y destruir la empresa que habían construido.

Durante la primera reunión, tuve que interrumpirlos a ambos muchas veces cuando trataban de relatar su largo historial de quejas que se remontaban hasta su primera infancia. "¿A qué le apuntan ustedes?". Les pregunté al comenzar nuestra reunión. Me miraron como si estuviera hablando en otro idioma. No fue una sorpresa ver que no tenían una visión a largo plazo hacia dónde dirigirse. Así que iniciamos una conversación para esbozar en términos muy amplios en qué posición querían que estuviera su compañía en cinco años. Ellos encontraron que sí podían estar de acuerdo en la mayoría de temas. Cuando comenzamos a hablar respecto a lo que debía suceder para que pudieran lograr la visión acordada, para los dos fue mucho más fácil concordar entre sí dentro de ese contexto. Incluso, uno de ellos mencionó que se sentía extraño estar de acuerdo en algo.

Después, conversamos sobre lo que se sentiría al hacer parte de esta exitosa empresa que estaban describiendo. Uno de los hermanos dijo: "si fuésemos la compañía que visualizo, me sentiría respetado y valorado por lo que hago y lo que aporto al éxito de la misma". El otro se indignó, pero pronto se calmó cuando le expliqué que solo estábamos hablando de la dirección que ellos querían seguir, y no sobre lo que habían estado haciendo. Los dos estuvieron de acuerdo en que deseaban que el reconocimiento y respeto fueran parte de la visión de su compañía. Luego les pregunté: "sin estancarse en cosas específicas, ¿qué tendría que suceder para que ustedes dos se sintieran respetados y valorados?".

Durante el siguiente par de horas, ellos lograron más de lo que habían alcanzado en cinco años. Encontraron que estaban de acuerdo en la mayoría de temas. Cuando no estuvieran de acuerdo, podrían volver a la visión que habían acordado y las decisiones pasaron a ser mucho más claras con frecuencia. Ellos terminaron la reunión con un marco basado en una visión y con el compromiso de crear un entorno respetuoso en el que los miembros del equipo se sintieran valorados. Para estos hermanos, no fue fácil comenzar a implementar los cambios, pero después de seis meses, los dos habían hecho grandes avances en cuando a cómo se sentían y en el trato mutuo. Siempre que se encontraban desviándose hacia el camino del irrespeto y la agresión, miraban la visión como su punto de partida en común. Los empleados también se vieron beneficiados de esos cambios, al igual que las saludables y crecientes utilidades de la compañía.

La visión también puede impulsarnos más allá de nuestra zona de confort y hacernos tomar acciones que por lo general no haríamos. El siguiente es otro ejemplo del poder de una visión integral para poner a las personas en movimiento:

Un día me encontraba trabajando en la oficina que tengo en mi casa, la cual está justo al lado de la puerta principal. En ese entonces, vivía al costado de una hermosa montaña en Utah, rodeado de muchos paisajes de un millón de dólares y casas que los complementaban. Por la ventana de mi oficina, podía ver el pórtico de la casa. Mientras trabajaba, escuché el timbre de la puerta, así que hice girar mi silla de oficina para ver quién estaba ahí. Vi a un hombre joven parado a la puerta. Estaba muy concentrado en un proyecto y en realidad no quería la molestia de un vendedor puerta a puerta. Pensé en clavarme detrás del escritorio, pero pensé: a) era una actitud infantil y, más importante aún, b) muy seguramente él me había visto por la ventana desde la calle. Con renuencia, me puse de pie y caminé hasta la puerta principal, preparándome para cortarle su presentación y decirle que no me interesaba lo que estaba vendiendo.

Cuando abrí la puerta, fue él quien me cortó a mí. "Antes que me diga que no está interesado, no quiero venderle nada", dijo, tomándome fuera de guardia. Así que le presté atención. "En realidad algún día quiero vivir aquí en las montañas", dijo. "Esto es incómodo para mí, pero decidí pasar el día aquí, hablando con las personas que viven donde yo quiero vivir", prosiguió. "¿Podría darme quince minutos de su tiempo para yo hacerle unas preguntas?". Pude ver que tenía en su mano los volantes de algunas de las casas que estaban a la venta en el vecindario. Estaba impresionado, pero todavía esperaba la siguiente parte. Nos sentamos en la entrada de mi casa durante treinta minutos mientras él hacía excelentes preguntas. Lo que él estaba haciendo era llenar los vacíos de información que lo separaban de su visión. Me preguntó qué le recomendaría hacer para facilitar hacer realidad su vida en las montañas. "Si usted tuviera dieciocho años y quisiera vivir aquí, sabiendo lo que ahora conoce, ¿cuál sería su siguiente paso?". En respuesta, le dije que creara el mayor valor en donde fuera que se encontrara en ese momento. Lleva esa actitud a tu trabajo, a tus relaciones, a tus pasatiempos y así podrás reducir en un 90% tu recorrido hasta la montaña. Cuando terminamos, vi que caminó por la entrada del garaje y pasó a golpear en la casa de mi vecino.

Las personas promedio

Siguen a quienes no representan su visión.

Las personas exitosas

Siguen a quienes representan su visión.

Imagino que a ese joven no le tomará mucho tiempo tener la clase de casa que desea tener en la ladera de la montaña. Él tenía una visión clara y había recolectado mucha más información que quienes se contentaban con solo hablar de querer vivir en la montaña. Es más, estaba convirtiendo a personas como yo, que ya estábamos allá, en sus aliados.

Cómo aplicar la ley de la visión

Las siguientes son preguntas que puedes hacerte para iluminar áreas en las que puedes aplicar la Ley de la Visión:

¿Cuál es la diferencia que quiero hacer en el mundo? ¿Cuál es mi propósito?

¿Cuál es mi visión para mis relaciones más cercanas? ¿Cuál es la visión que tengo como cónyuge, padre, jefe, empleado, compañero de trabajo, hermano? ¿La he expresado en voz alta o la he escrito? ¿Esto incluye resultados y sentimientos tangibles? ¿La comunico a quienes se ven impactados por ella?

¿Cuál es mi visión financiera, de negocios o profesional? ¿Esto incluye resultados y plazos tangibles, al igual que sentimientos que quiero tener hacia mis finanzas?

¿Tengo una visión de espiritualidad? ¿Qué resultados tangibles surgirían de mi visión? ¿Cómo me sentiría si estuviera alcanzando esa visión?

¿Tengo una visión de salud? ¿Cuáles serían los resultados tangibles de esa visión? ¿Cómo me sentiría si estuviera alcanzando mi visión de salud?

¿Tengo una visión de impacto personal sobre otros? ¿Cómo quiero que otros se sientan al estar cerca de mí? ¿Qué quisiera que se dijera en mi funeral? ¿Cómo quiero que los demás se sientan consigo mismos como resultado de relacionarse conmigo?

Reto: escribe una declaración de visión para tu vida. ¿En qué sería diferente le mundo por tú estar presente? ¿Qué impacto estás comprometido a generar? ¿Cuáles serán los resultados tangibles que los demás podrán usar para medir tu impacto (niños, causas, escritos, vidas tocadas y más)? La parte final de este reto es compartir esta declaración con dos personas con quienes tengas relaciones cercanas y que puedan pedirte cuentas con respecto a tu progreso hacia esa visión.

LA LEY
DE LA FRECUENCIA

CAPÍTULO SEIS

La ley de la frecuencia (adáptate con rapidez)

Cuando ya tenemos una visión clara, el siguiente reto es la velocidad con la que podemos alcanzar nuestra visión. Esta velocidad de aprendizaje y corrección de curso es lo que llamo "frecuencia". Las personas y las organizaciones tienen frecuencias. Literalmente tienen frecuencias de vibración que determinan la velocidad a la que operan. Las frecuencias son magnéticas y tienden a atraer a otras personas que tienen frecuencias similares. Podemos mejorarlas estableciendo medidas, midiendo con mayor frecuencia y, por extraño que parezca, aceptando el fracaso como parte del proceso.

Quizás podríamos usar la Ley de selección natural de Darwin para describir este concepto de frecuencia. Él afirmó que no es la más fuerte ni la más inteligente de las especies la que sobrevive, sino las que se adaptan con mayor rapidez. Al tratarse de personas y organizaciones, esta ley se podría plantear que no son las mejores personas ni los mejores productos los que tienen éxito, sino los más rápidos en reconocer y corregir deficiencias.

Hace años fui propietario de una empresa de software que atendía a empresas de control de plagas y paisajismo. Poco después de haber iniciado la empresa, un amigo a quien llamaré Tom se me acercó en busca de empleo. No recuerdo mucho del perfil de Tom, pero sí recuerdo un par de cosas: no tenía experiencia en ventas y no tenía experiencia en software. Sin embargo, tenía la cualidad más importante en mi proceso de contratación en ese momento y es que era un amigo. Así que lo contraté sin pensar como vendedor para mi empresa de software, dado que mi tendencia era una disposición a contratar amigos y familiares.

Al final del primer mes, obtuve mi reporte de ventas y no me sorprendió que Tom no hubiese vendido nada. Después de todo, mi programa de capacitación consistió en ponerlo en un cubículo con una computadora y decirle que conociera nuestro software y escuchara las llamadas de ventas que hacían sus compañeros de trabajo.

Después de dos meses, recibí mi reporte de ventas y Tom seguía sin vender nada. Eso no era normal en mi compañía, y la mayoría de mis vendedores hacían varias ventas por semana. Sin embargo, pasé por alto ese resultado, justificando una vez más que a Tom le estaba tomando algo más de tiempo de lo que yo había esperado para conocer nuestro software. También me sentí culpable por la falta de entrenamientos y recursos que nosotros como empresa estábamos proporcionando.

Al final del tercer mes, Tom todavía estaba en el último lugar del reporte de ventas, sin ninguna venta. Comencé a preocuparme y decidí hablar a solas con él en el pasillo un par de días después. "He visto que no has hecho ninguna venta todavía", le pregunté con algo de incomodidad. "¿Qué sucede?". Tom dijo que tenía varios desarrollos en fila y que el siguiente mes se veía muy bueno. Siendo el gran líder y gerente que era, respondí: "bien", mostrándole mis dos pulgares para indicar mi entusiasmo por la buena proyección para el siguiente mes.

Al final del cuarto mes, recibí mi reporte de ventas y encontré que Tom seguía sin vender nada. Lo llamé aparte pocos días después y de nuevo le pregunté acerca de su falta de ventas. Me habló de un cliente potencial cuya esposa había tenido que ser hospitalizada de urgencia por unas semanas, y eso había retrasado la compra. Me aseguró que esa venta se haría en la siguiente semana o dos. "¡Bien!", respondí, de nuevo haciéndole un gesto de aprobación con mis pulgares.

Quinto mes, cero ventas. Cuando recibí mi informe de ventas después del sexto mes sin ninguna venta de parte de Tom, finalmente concluí que había cometido un error al contratarlo en un cargo de ventas. E hice lo que la mayoría de pequeños empresarios hace en esa situación: nada en lo absoluto. Dejé de hablarle a Tom y comencé a evitarlo. No quería la confrontación. Cada mes le pagaba su sueldo diciéndome a mí mismo que era octubre, el siguiente mes sería Acción de gracias y luego Navidad. Así que no podía despedir a alguien, en especial a un amigo, antes de las fiestas de fin de año.

Las personas promedio

Deciden de acuerdo con un resultado aceptable.

Las personas exitosas

Deciden de antemano qué constituye el éxito... y no se conforman hasta haberlo alcanzado.

En algún momento a mediados de febrero, diez meses después de haber contratado a Tom, mi frustración fue tal que lo llamé a mi oficina para la discusión inevitable. Para él fue un alivio poder tener una solución respecto a la situación y buscar un trabajo para el que fuera más apto. Pero mi punto aquí es que, desde el momento en el que tomé una decisión (contratar a Tom), hasta cuando estuve en posición de tomar otra decisión (despedir a Tom y contratar a otra persona), habían pasado diez meses. La velocidad de aprendizaje que acabo de ilustrar, representa lo que llamo "frecuencia".

Las ondas de luz, las ondas de sonido y las de radio tienen una frecuencia. La frecuencia es algo como esto:

Frecuencia = Tiempo de A a B

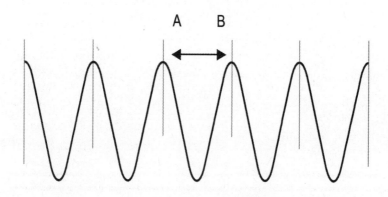

Las personas, las empresas, las culturas, las familias, las nacionalidades y las comunidades, todas tienen frecuencias. En mi caso con Tom, yo tuve una frecuencia de diez meses. Me tardé diez meses desde el momento en el que tomé la decisión de contratar a Tom hasta determinar si la decisión había dado resultados o no, y tomar medidas decisivas según los resultados. A juzgar por los miles de empresarios y personas con quienes he trabajado a lo largo de los años, observo que la mayoría tienen una frecuencia mucho mayor a diez meses.

En mi caso, observé que diez se estaba convirtiendo en un típico marco de tiempo para yo poder reconocer y cambiar algo. Si decidía lanzar una nueva campaña de mercadeo, la cual no tenía éxito de inmediato, seguía un proceso de pensamiento predecible que era algo semejante a esto:

Mes 1 —Necesita más tiempo para lograr tracción.

Mes 2 —Algo de preocupación, pero es probable que todavía necesite más tiempo para desarrollar reconocimiento de marca.

Mes 3 —Al menos estamos recibiendo algunas llamadas.

Mes 4 —No sé qué otra cosa podría funcionar mejor.

Mes 5 a mes 9 —Esta campaña de mercadeo no está funcionando bien, pero no tengo tiempo para arreglarla.

Mes 10 —Ya es suficiente. No seguiré publicando estos anuncios, tengo que hacer algo diferente.

En realidad, mi frecuencia tenía una medida de diez periodos. Como solo miraba los resultados cada mes, entonces me tardaba diez meses para sentirme impulsado a hacer cambios. Y, desde luego, si reducía la cantidad de tiempo que pasaba antes de revisar mis resultados, mi frecuencia general mejoraría sin ninguna duda.

Las personas promedio

Hacen cambios mañana.

Las personas exitosas

Hacen cambios hoy.

Otro fenómeno común que he observado es que las personas suelen sentir que están haciendo cambios, aunque los conceptos y las decisiones subyacentes no hayan cambiado, así que, en realidad, no han aprendido nada. Si hubiese despedido a Tom y luego hubiese dado la vuelta y contratado a otro amigo sin experiencia, no habría hecho ningún cambio en la curva de frecuencia. Podría haber parecido decisivo, pero en realidad no habría cambiado nada. Un amigo ha llamado a este tipo de comportamiento "reorganizar las sillas de cubierta del Titanic".

La frecuencia no solo se aplica a decisiones proactivas para hacer algo. También se aplica a comportamientos y a la decisión de no hacer nada. Es probable que el impacto de la frecuencia se pueda explicar mejor al mirar un periodo de tiempo más largo. Si tienes una frecuencia de diez meses, solo podrás tomar seis decisiones durante los próximos cinco años. Eso son seis oportunidades para dar en el blanco. Si por lo general las decisiones funcionaran de la manera que pensamos, entonces ese podría ser un buen número. Pero desafortunadamente ese no es el caso. La mayoría de cosas no salen de la manera que visualizamos en un comienzo. Para impactar la frecuencia de forma significativa, debemos recolectar información siguiendo un método cuantificable. Este proceso de recolectar información se llama retroalimentación. Muchos tipos de retroalimentación, como la de información financiera, viene preempacada en un formato cuantificable. Las empresas pueden recibir informes de pérdidas y ganancias, los empleados pueden mirar sus recibos de pago, y las parejas pueden revisar sus cuentas de ahorros. Ese tipo de mediciones son críticas para aumentar la frecuencia. Hay otros tipos de información más subjetiva que debemos traducir a una retroalimentación cuantificable para que pueda ser útil en el aumento de nuestra frecuencia. Hablaremos más sobre cómo traducir este tipo de retroalimentación en la sección de *Percepción de la ley* en este libro. Pero, por ahora, concentrémonos en el papel esencial de la frecuencia para el desarrollo del éxito.

CAPÍTULO SIETE

El dilema del mono

Recuerdo cuando comencé mi primera empresa y busqué el consejo de un respetado hombre de negocios que conocía. Él me dijo que la clave para tener éxito en los negocios era tener la razón al menos el 51% del tiempo. En ese momento, me pareció lógico y con la sencillez suficiente como para lograrlo. Me consideraba inteligente y, sin duda, capaz de al menos lograr el 50% de precisión en mi toma de decisiones. Pero la toma de decisiones pasó a ser un proceso tormentoso, porque no quería equivocarme. Por meses, debatía respecto a contratar a más personal. También me tardaba mucho tiempo tomando otras decisiones importantes para mi empresa, tales como dar inicio a una nueva campaña de mercadeo, firmar un arrendamiento, dar bonos, considerar expansiones e incluso comprar una copiadora. Dejé pasar muchas oportunidades solo porque no quería arruinar mi tasa del 51% para estar en lo correcto. En ese momento, no veía que perder una oportunidad en realidad era una decisión.

Durante los últimos veinticinco años, he llegado a la conclusión de que nadie tiene la razón el 51% de las veces. Es sencillo, debemos tomar demasiadas decisiones. Y, a decir verdad, muy pocas de las decisiones que tomamos son del todo correctas o equivocadas. De hecho, la mayoría de nuestras decisiones quedan en la mitad y conducen a resultados semiaceptables o regulares. Y esas decisiones también tienden a ser las más difíciles de corregir.

Quizás hayas escuchado relatos populares de ciertas partes del mundo sobre de formas inteligentes de cómo atrapar monos. Una de ellas es perforando un hoyo en el tronco de un árbol y ahuecar la parte interior. Luego, los cazadores de monos ponen la comida favorita del animal (maní) dentro del tronco ahuecado, así, cuando el mono introduce su mano y toma los maníes, no puede sacar su puño del orificio. Cuando un mono ya tiene los maníes en la mano, no los suelta, sin importar qué pongas frente a él. El mono tiene miedo de morir de hambre, y si los cazadores de monos no regresan, el animal puede morir de hambre aun sosteniendo los maníes en su mano, así estén podridos y mohosos. Las personas tienden a comportarse como estos monos. Se aferran a algo que no los lleva a donde quieren ir, pero tienen temor de soltar el miedo a que las cosas puedan empeorar.

Las personas promedio

Se acomodan a algo por encima del promedio.

Las personas exitosas

Arriesgan lo que está "por encima del promedio" para alcanzar lo mejor.

Incluso cuando cierta decisión que hemos tomado no está produciendo con exactitud lo que deseamos, por lo general nos resulta difícil hacerla a un lado, porque sentimos que estamos más cerca de lo que en realidad estamos para alcanzar lo que deseamos. A veces, asumimos la actitud de "algo es mejor que nada". En una relación conyugal podemos calificarlo en 6 o 7. La mayoría haría poco por cambiar una decisión de 6 o 7, porque es apenas suficiente. En el libro de Jim Collins *Good to Great*, él afirma que "lo bueno es enemigo de lo grandioso". Esto es porque las personas suelen acomodarse a lo que está apenas bien, al punto de abandonar cualquiera de sus visiones de grandeza. Si debemos arriesgar lo bueno para alcanzar lo grandioso, entonces siempre debemos desechar lo que es apenas bueno—, para poder alcanzar lo mejor. Sin embargo, todavía nos da miedo que, si soltamos un 6, terminemos con un 3.

En algunos de los entrenamientos que hago, he ilustrado esto con una bolsa de billetes de diferentes denominaciones. Le pido a un participante que pase al frente y meta su mano en una bolsa café que está llena de billetes. Luego les digo que la bolsa tiene muchos billetes de un dólar, algunos pocos de cinco dólares, unos pocos de diez, veinte y cincuenta, y solo hay uno de cien. Cuando pasan y sacan un billete, dejo que lo miren y luego pregunto si quieren tomar otro o conservar el que tienen en la mano. Sin duda, cuando alguien ha sacado un billete de un dólar, es fácil decir que quieren tomar uno diferente. No tienen nada que perder. Cuando encuentran uno de cinco o de diez dólares, la decisión se hace un poco más difícil, pero la mayoría está dispuesta a arriesgarse para sacar otro billete. Algunos paran en ese punto. Cuando encuentran uno de veinte o de cincuenta dólares, casi todos paran. No quieren arriesgar su billete de "buena denominación" por la oportunidad de sacar el único de cien. La creencia que genera este comportamiento es que hay un número finito de oportunidades. Es mejor estar seguro que lamentarlo. No seas codicioso. Pero, en realidad, la vida sí nos da incontables oportunidades, y cuando lo vemos de esa manera, seguimos metiendo nuestra mano hasta alcanzar nuestra visión, como lo simboliza el billete de cien.

Miremos de nuevo el concepto de frecuencia. Si tienes una frecuencia de diez meses, puede intentar tomar seis decisiones, tener seis ideas o intentar seis métodos en un lapso de cinco años. ¿Cómo sería si pudieras mejorar tu frecuencia para que fuera mensual en lugar de que se diera cada diez meses? Durante el mismo periodo de cinco años, podrías tomar sesenta decisiones. ¿Seis o sesenta? ¿Cuál tiene mejores probabilidades de éxito? Por mi experiencia, diría que la persona con una frecuencia de un mes sería diez veces más exitosa que la persona con una frecuencia de diez meses.

¿No tendríamos mejores resultados si tuviéramos una frecuencia como esta?

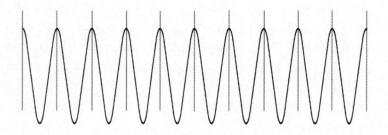

¿En lugar de esta?

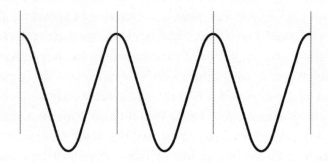

Hace poco, mi hijo de veintidós años, Jason, inició su propia empresa, un sitio en internet llamado pricematchedparts.com, para venta de repuestos de automóviles. Después de unos meses de dificultades, terminó buscándome para que le diera consejo de consejo. Le dije esto: haz una lista de las veinte cosas que puedes hacer para mejorar las ventas... y hazlas todas durante los siguientes treinta días. Yo sabía que la mayoría no funcionaría, pero su lista inicial podía tener una o dos ideas que probablemente aumentarían las ventas. Treinta días después, le dije que hiciera una lista de otras veinte maneras de aumentar las ventas... y que las hiciera todas durante los siguientes treinta días. Así siguió durante cuatro meses. Después de esos cuatro meses, había probado y abandonado casi ochenta ideas. Únicamente había encontrado unas pocas que sí funcionaban. Sin embargo, durante ese tiempo, las visitas a su página de internet crecieron de once por día a más de 150. Había encontrado cuatro o cinco ideas que funcionaban para mejorar las ventas, y sus ingresos diarios estaban superando los ingresos mensuales que estaba teniendo cuando comenzó. Desde mi perspectiva, lo había animado a que, en pocos meses, quitara del camino cinco años de errores y tiros fallidos. Lo animé a fracasar más rápido.

Tengo otro amigo que trabaja para una de las principales empresas de análisis de internet en el país. Él me explicó que sus clientes tienen acceso a retroalimentación instantánea sobre el estado de sus páginas de internet. Sus clientes saben con precisión dónde están localizados los visitantes (publicidad de banners, colocación de búsqueda pagada, búsqueda natural, mercadeo afiliado, correo electrónico, etc.), así como lo que hicieron al estar en la página (qué páginas visitaron, qué productos o artículos miraron, cuánto tiempo estuvieron, cuánto dinero invirtieron durante todas sus visitas etc.). Con esta clase de retroalimentación inmediata, los clientes de mi amigo tienen acceso a una "frecuencia" con niveles sin precedentes. Literalmente puede hacer cambios grandes a su negocio (sus páginas de internet) cada hora y saber de inmediato si esos cambios son efectivos o no.

Los negociadores de bolsa profesionales reconocen que se van a equivocar la mayoría de las veces en el mercado de acciones. Un negociador profesional con quien hablé me dijo que su meta era acertar en una elección de acciones el 20% de las veces. "¿Cómo puedes ganar dinero para tus clientes?", le pregunté. Su respuesta tuvo mucho sentido. Dijo que usaba bloqueos de pérdidas para todas sus malas decisiones. Si compraba una acción por treinta dólares pensando que subiría a cuarenta, la vendía si pasaba a 29. Eso significaba que había cometido un error. Si se equivocaba cuatro veces, perdía cuatro dólares y, si acertaba una vez, ganaba diez dólares en esa transacción. En efecto, la frecuencia no consiste en cortar las pérdidas, sino en replicar las cosas que funcionan.

La mayoría de los "negociadores de día" que invierten en el mercado de acciones hacen todo lo opuesto. Ellos venden acciones sin conocer las grandes ganancias y se aferran por mucho tiempo a las que pierden, con la esperanza de que vuelvan a subir. Esa estrategia de acciones casi siempre es una receta para el desastre.

Las personas promedio

Evitan el fracaso mediante: a) decisiones lentas; b) falta de decisión; c) decisiones seguras.

Las personas exitosas

Aceptan el fracaso como parte del proceso de éxito.

Hace poco, experimenté el poder de la frecuencia cuando compré un auto híbrido nuevo. Aunque el auto que había estado conduciendo me gustaba, su rendimiento de combustible por kilometraje estaba lejos de ser espectacular. Estaba muy emocionado por conducir un auto que recorría 61 km por galón en la ciudad, según la publicidad en la vitrina. Después de tenerlo por dos semanas, quedé muy decepcionado un día cuando revisé la computadora de abordo y encontré una pantalla que indicaba que en promedio había estado recorriendo 46 km por galón. Si bien ese rendimiento era mucho mejor que el kilometraje que lograba con mi anterior vehículo, estaba 25% por debajo de lo que esperaba cuando hice la compra. En un principio, me sentí engañado y mal informado. Sin embargo, también encontré una pantalla que presentaba un gráfico con el desglose minuto a minuto de mis recorridos. Comencé a dejar la pantalla activada en esa función cuando conducía. Como podía ver mis patrones de conducción minuto a minuto, podía hacer ajustes con regularidad. Seguía yendo al límite de velocidad en la autopista y no notaba ninguna diferencia en cuánto tiempo tardaba en llegar a mis destinos. La mayoría de los cambios fueron pequeños. Pero pude mejorar mi rendimiento por kilómetro en más del 33%. Al final, pude superar con frecuencia el rendimiento por kilómetro que en un principio había esperado cuando compré el auto.

CAPÍTULO OCHO

La necesidad de acertar conduce la frecuencia a una parada en seco

La retrospección me enseñó otro fenómeno curioso que contribuye a la lentitud en la frecuencia. Aunque había sido demasiado lento para tomar decisiones durante mi periodo de frecuencia de diez meses, era aún más lento para dar reversa o cambiar el curso cuando ya había elegido un camino. Al parecer, yo creía que, si nunca cambiaba una decisión, entonces en realidad nunca se vería como un error. Si no despedía a un empleado por su bajo rendimiento, todavía podría tener la esperanza de que las cosas cambiarían el siguiente mes. Lo que es peor, había experimentado algunos cambios milagrosos, en gran medida solo por suerte, lo cual me permitía justificar mi falta de acción. Sin embargo, por dentro, mi intuición me decía que había cometido un error y que estaba evitando enfrentarlo.

Un elemento importante que contribuye a una frecuencia lenta es la sencilla pero fuerte necesidad que tenemos los seres humanos de estar en lo cierto, o quizás más fuerte aún, la necesidad de no estar equivocados. Cuando hacemos cualquier inversión en determinada empresa, comenzamos a perder nuestro sentido de objetividad y se hace difícil revertir el curso cuando ya hemos elegido, así sepamos que nos está desviando. A menudo, el tener la razón es más importante que alcanzar nuestra visión. Cuanto más invirtamos en una persona o idea (ya sea tiempo, dinero, reputación, amistado, etc.) por lo general sentiremos una mayor necesidad de no estar equivocados al respecto. Incluso ignoraremos los resultados o inventaremos unos nuevos para respaldar nuestra causa.

Como ya lo he mencionado, con frecuencia dirijo sesiones de entrenamiento para personas que quieren tener más éxito. La mayoría de estas personas son líderes de negocios, de familias y comunidades, que están teniendo dificultades en sus esfuerzos por avanzar a un mayor nivel. Parte del entrenamiento implica ilustrar cuánta necesidad tenemos de proteger las inversiones que hacemos. Esto lo hacemos al darles varios procesos experimentales en los que puedan participar y demostrar cómo tienden a actuar y reaccionar. En una experiencia, les decimos al grupo que se comporte como si fueran el Congreso de los Estados Unidos. Se les encarga determinar una acción específica que pueda hacer realidad la paz mundial.

Antes de su primera sesión en su congreso fingido, cuatro participantes se ponen de pie y presentan cuatro diferentes puntos de vista que podrían promover la paz en todo el mundo. Las cuatro primeras metodologías para resolver el problema de las guerras en nuestro congreso fingido son:

Dinero —Necesitamos los medios financieros para atacar el hambre y la pobreza en el mundo antes de que la paz pueda verse como una realidad.

Responsabilidad —Debemos hacer que las personas que afectan la paz del mundo rindan cuentas.

Educación —Mientras no enseñemos a todos los pueblos del mundo y los eduquemos en cuanto a medios pacíficos de coexistencia, no habrá esperanza alguna de tener una paz duradera.

Amor —Una poderosa manera de crear paz es sencillamente entendernos y amarnos unos a otros. Esto lo podemos hacer mediante ejemplo.

Al inicio del proceso, los participantes por lo general no tienen ninguna preferencia por alguna solución o ideología en particular. No han dedicado tiempo a formular un plan con respecto a lo que harían si estuvieran en el congreso de los Estados Unidos y se les encargara la creación de la paz mundial. Les pedimos a los participantes que elijan un método (dinero, responsabilidad, educación o amor) con el que más se relacionen y que vayan a ese grupo. A la mayoría, se le dificulta elegir un grupo cuando ven el valor que tiene cada opción. Después del proceso de selección, los grupos más pequeños se reúnen para hablar sobre cómo proponer un plan de acción ante el congreso.

Comienzan a invertir en la decisión que han hecho al unirse a un grupo en especial u concentrarse en los métodos e ideologías de ese grupo.

Es casi cómico ver cómo cada grupo pierde de vista el objetivo general, la paz mundial, y en lugar de eso comienzan a desviarse hacia por qué su grupo representa la manera correcta para alcanzar el objetivo. Sobra decir que, cuando los grupos más pequeños se reúnen como un congreso, la conversación es caótica, acalorada y todo menos pacífica. Rara vez se pueden poner de acuerdo en alguna acción a tomar, y menos en una que sea efectiva. La mayoría de las veces, si eligen una acción, es un método diluido y tímido, diseñado para no ofender a ninguno de los otros grupos. Con razón el congreso de los Estados Unidos a veces parece moverse muy lento. Ver cómo personas que solo han invertido diez minutos en su ideología se enfrentan entre sí nos da una perspectiva de cómo algunas que han dedicado su vida entera respaldando unas ideologías políticas específicas parecen estar muy concentrados en tener la razón.

Las personas promedio

Se concentran en tener la razón.

Las personas exitosas

Se concentran en hacerlo bien (y están dispuestas a equivocarse).

Cuando las personas hacen una inversión en cualquier tipo de decisión, suelen comenzar a buscar evidencias que respalden esa decisión. En consecuencia, ignoran la evidencia que pueda refutar su decisión. Si eres el responsable de contratar a un nuevo empleado, por lo general pasarás por alto o justificarás cualquiera de los malos resultados de ese empleado con el fin de justificar esa decisión, así eso signifique sacrificar tu visión. Si te involucras en una discusión con tu cónyuge, un familiar o un compañero de trabajo, es poco probable que tú o la otra persona mantenga la objetividad o la concentración en un resultado diferente a tener la razón o no estar equivocado.

En nuestros comportamientos, también nos involucramos de la misma manera, y a menudo nos comportamos de maneras que van contra nuestros objetivos. Cuando enfrentamos los resultados que surgen de nuestro lado "patológico", tendemos a concentrarnos en por qué nuestros comportamientos no son los equivocados, contrario a lo que queremos lograr con la relación. Cuando tenía veintidós años de edad, me comprometí en matrimonio. Tenía una serie de pruebas con las que había soñado para mi prometida antes de que llegáramos al altar, y una de ellas era la "prueba de acampar".

Esa primavera tuvimos una reunión familiar en el Río Snake en Idaho. La invité a que fuera con mi familia por una semana de campamento y pesca y pesca y pesca. ¿Ya he mencionado que soy un fanático de la pesca?

Cada mañana, antes de la salida del sol, yo alistaba mi equipo de pesca y salía rumbo río arriba o río abajo para pescar todo el día. Por lo general, volvía al campamento en algún momento antes de la puesta del sol. Después de cinco días, Susan, mi prometida, estaba furiosa. Ya había tenido suficiente, sin embargo, su enojo solo había reforzado mi fanatismo por la pesca. Ella sintió alivio cuando supo que, para el quinto día, habíamos planeado un viaje de canotaje por el río Teton. Era un recorrido fácil y excelente para la pesca. Desde luego, llevé mi caña para pesca con mosca y, en la mañana, salí en nuestro bote con Susan y otras dos personas. Flotamos durante todo el día y yo pesqué todo el tiempo, lo cual le dio a Susan una excelente oportunidad de remar la mayor parte. Al parecer, hay quienes no aprecian la buena fortuna.

Al acercarnos al punto de salida, había un camino que cruzaba el río con solo unos dos pies de espacio entre el fondo del puente y el río. Quienquiera que estuviera remando, no iba a lograr llegar a la orilla a tiempo, y pude ver que el bote terminaría contra el puente y se atascaría en la corriente. De inmediato, entré en acción recogiendo el cordel y pasándole la caña a Susan, quien la recibió disgustada. El agua tenía unos cuatro pies de profundidad y podía ver el fondo con claridad, así que decidí saltar del bote y empujarlo hacia la orilla. (Como en esa sección del río no había

Brett Harward

rápidos, en la mañana no habíamos sujetado el marco de remos del bote).

Al saltar fuera del bote y pararme firme sobre las rocas del fondo del río, tomé el marco de remo para detener el bote. Al hacerlo, el marco de remo se levantó en un ángulo de 45° por un momento. Todos tenían sus manos libres y pudieron sostenerse y permanecer en el bote... salvo Susan, porque tenía en sus manos mi $%#@ caña de pescar (como diría ella después al relatar la historia). Dio un tumbo por la parte trasera del bote y la corriente la arrastró dando vueltas, llevándola por debajo del puente, lo único que se podía ver era su brazo que sostenía mi caña de pescar. Me dio mucho gusto ver que mi caña nunca tocó el agua. Después de asegurar el bote, vadeé corriente abajo, por debajo del río, para ayudar a Susan a salir del agua. Empapados, logramos caminar hasta la cima de puente y pude ver cómo sus venas se marcaban en su cuello.

Sabía que estaba en problemas. Me miró y, con voz temblorosa, me preguntó con mucha seriedad: "¿si hubiese dejado caer tu caña, habrías ido por mí o por la caña?".

Sabía cuál era la respuesta que ella esperaba y, al mismo tiempo, pensé en hacerle una pequeña broma. Mi respuesta: "Susan, tú sabes que mi caña no puede nadar...". Por lo visto, esa era la respuesta equivocada. Pocos segundos después, su anillo de diamante se encontraba volando por los aires. No tenía idea de que pudiera lanzarlo tan lejos.

Cuento esta historia porque eso marcó el comienzo de una larga serie de pequeñas bromas que hice en malos momentos en esa relación. Todavía no sé por qué lo hice, pero una parte de mí no podía resistir hacer una salida graciosa cuando las cosas estaban tensas entre nosotros. Mi comportamiento solía interferir con lo que quería para mi matrimonio, lo cual era una relación cercana

100

y estrecha con mi esposa. Cada vez que hacía una de mis observaciones "chistosas" no me agradaría el resultado, incluso justo al momento de decirlas. Pero, de todas formas, las decía. Me tardé casi cinco años de matrimonio para darme cuenta un día que no tenía que decirlo, así lo pensara. Mi frecuencia en ese punto de mi vida era de cinco años, y eso, junto con otros comportamientos igual de improductivos, me costó un matrimonio antes de entender que tenía muchas posibilidades para mejorar.

CAPÍTULO NUEVE

Siete pasos para alcanzar una frecuencia más rápida en la vida

Paso 1: Establece medidas con antelación

Una de las claves para aumentar la frecuencia es establecer medidas con anticipación. Cuanto ya tienes una visión (Ley número 1), entonces puedes comenzar a identificar las referencias o hitos a lo largo del camino que pueden ser indicadores para saber que vas por buen camino hacia el alcance de tu visión. Por ejemplo, si tuvieras que decidir contratar a un nuevo empleado, determina de antemano qué expectativas y medidas usarás para determinar si el empleado va por buen camino. Incluye tiempos de medición. Si quieres lanzar un nuevo programa de mercadeo, identifica las respuestas, costos por negocio potencial, costos por cierre de un trato u otras medidas que puedas usar para saber con precisión el éxito o el fracaso.

Las mediciones deben tener tres aspectos:

1. ¿Qué resultado significaría éxito?

2. ¿Qué resultado significaría fracaso?

3. ¿Qué tipo de resultado sería lo suficiente bueno para indicar si vale la pena modificar una decisión o proceso?

Visualizo la mayoría de los comportamientos humanos con la forma de un embudo: por la parte superior, entran las acciones, y los resultados salen por la parte inferior. La mayoría de las veces, esas acciones se pueden trazar para determinar el flujo del embudo. Por ejemplo, en un proceso de ventas de negocios, puedes poner lo siguiente dentro del embudo: consecución de clientes, mercadeo, llamadas en frío, seguimiento, gestión de procesos, consecución de referidos y entrenamiento. Quizás pueda verse así:

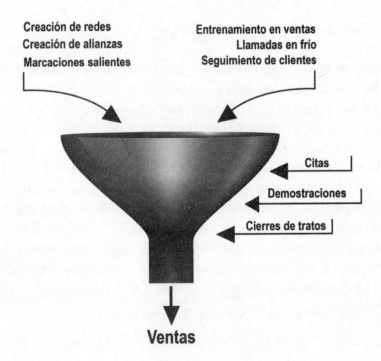

Seguimiento de clientes potenciales

Creación de redes
Creación de alianzas
Marcaciones salientes

Entrenamiento en ventas
Llamadas en frío
Seguimiento de clientes

Citas

Demostraciones

Cierres de tratos

Ventas

La división de ventas de mi empresa, *Manifest Management,* sigue este proceso de embudo. Tenemos diversas actividades para la generación de clientes potenciales, incluyendo llamadas en frío, listas de llamadas, alianzas, oportunidades de creación de redes y referidos de clientes ya existentes. Se espera que cada uno de nuestros vendedores haga una cantidad predeterminada de cada uno de estas actividades todos los días o cada semana. Esto varía en algún grado dependiendo del personal de ventas. Los vendedores nuevos se concentran mucho en hacer llamadas en frío y marcaciones, mientras que los vendedores con experiencia pasan más tiempo con clientes y referidos. En todos los casos, tenemos un flujo que determina el embudo de ventas. Cada paso del proceso de venta los lleva más a fondo dentro del embudo.

Se espera que un vendedor nuevo haga cuarenta llamadas al día contactando a clientes potenciales. De esas llamadas, él/ella debería contactar a seis personas encargadas de tomar decisiones, que es nuestro segundo paso. De esas personas en capacidad de decisión, cerca del 50% podría acordar conversar sobre su empresa. De ese 50% que accede a organizar una cita, el 80% la cumplirá. De aquellos que cumplen su cita, el 55% acordará dar el siguiente paso con nosotros, que es asistir a un taller gratuito para ver cómo es nuestro trabajo y ver lo que hace *Manifest.* Del 55% de quienes acuerdan asistir a un taller, el 70% asistirá. De los que asistan a un taller, el 90% solicitará una reunión de seguimiento. De aquellos que soliciten una reunión de seguimiento, el 65% se convertirá en cliente. Puedes ver el proceso de embudo aquí. Matemáticamente, cien llamadas producen 1,35 ventas. Mis mejores vendedores por lo general pueden producir o superar esos resultados. En cuanto a mi personal de ventas más nuevo o débil, podemos decir con precisión dónde se encuentran las fallas.

Mientras mantenemos un ojo en las cifras de ventas finales, a menudo podemos identificar problemas con antelación y especificar cómo resolverlos al observar las actividades indicadoras. Puedo encontrar las falencias de cualquier miembro del equipo de ventas en su actividad más directa (las llamadas) o en su capacidad de poder ir más allá de los porteros y alcanzar a las personas a cargo de las decisiones o de lograr que las personas se comprometan a asistir a un seminario. Cada uno de esos pasos requiere su propio conjunto de habilidades para poder superar los problemas. Mientras un vendedor resuelva esos problemas y siga el proceso, la cifra más importante a supervisar pasa a ser la de las llamadas, no las ventas. Las llamadas pueden predecir las futuras ventas si trabajo en corregir el curso en cada paso del camino.

Así mismo, en las relaciones hay ciertas actividades indicadoras que pueden pasar a ser predictivas del éxito o fracaso a largo plazo. Las personas se frustran, porque no se sienten seguras, no confían, no se sienten seguras, respetadas o valoradas. La mayoría de personas tienden a concentrarse en los resultados que quieren obtener de una relación, sin ocuparse de las actividades indicadoras que se relacionan con esos resultados. Si alguien quiere confianza, por lo general no decidirá confiar un día. En lugar de esto, se necesita la honestidad como precursor. La confianza solo llega después del éxito, nunca antes. Justamente antes de experimentar el éxito, una persona debe apoyarse en la valentía que se necesita para arriesgarse a avanzar lo desconocido. Cuando alguien ha corrido ese riesgo y ha experimentado el éxito, entonces la confianza puede empezar a afianzarse. Así como las ventas no se dan sin llamadas, la confianza no se dará sin valentía.

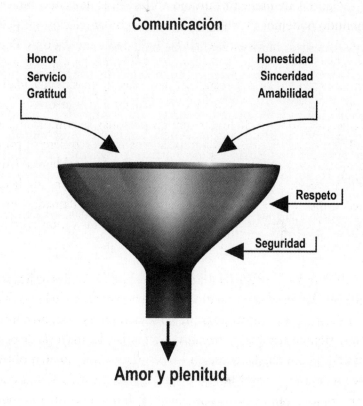

Comunicación

Honor
Servicio
Gratitud

Honestidad
Sinceridad
Amabilidad

Respeto

Seguridad

Amor y plenitud

Quienes están dispuestos a realizar las acciones casuales en la parte superior del embudo y a encontrar cómo medir si están en curso, tienen más probabilidades de obtener lo que desean en la parte inferior del embudo. Si escuchamos, somos honestos y expresamos gratitud (en la parte superior del embudo), fomentaremos respeto y seguridad, los cuales preceden al amor y la plenitud (base del embudo). En otras palabras, el amor y la plenitud se pueden alcanzar al comenzar con pequeños pasos diarios que construyen esos sentimientos y resultados deseables. A menudo, no asumimos comportamientos que conducen a estos buenos valores, porque no experimentamos los resultados finales, algo similar a una empresa que no hace mercadeo, porque no tiene ventas.

Para cambiar los resultados de manera efectiva en las relaciones, es muy importante que primero nos concentremos en las primeras actividades y comportamientos que cada uno controla.

Podemos comenzar este proceso en cualquier momento, practicando ciertas actividades de la "parte superior del embudo". Si una mañana nos levantáramos con el compromiso de ser personas que expresan gratitud con frecuencia, seguramente de inmediato comenzaríamos a ganar respeto y a crear conexiones con quienes tienen contacto con nosotros. Si el compromiso de expresar gratitud fuera un hábito, sin duda afectaríamos a más personas. En la medida que más personas se sintiera apreciadas, respetadas y seguras alrededor nuestro, nos veríamos rodeados de mucho más amor y plenitud. Y cuanto más efectiva sea la actividad que entra al embudo, más (y más rápido) serán los resultados que salgan por el otro extremo.

Ahora que hemos establecido la importancia de la actividad en la entrada del embudo, es importante tener presente que esta actividad también puede no ser efectiva y convertirse en trabajo vacío. Un paso crítico es establecer formas de medición efectivas para saber cómo estamos avanzando, y los resultados que esperamos de actividades indicadoras, para así identificar en qué áreas debemos trabajar o concentrarnos. Esto determina si seguimos con una actividad, hacemos más, la modificamos o la eliminamos del todo. Tener medidas establecidas nos permitirá examinar las actividades y mejorar o eliminar las que no sean efectivas.

Las preguntas de medición efectiva pueden incluir:

¿Cuál es nuestra visión, el resultado o sentimiento que estamos procurando alcanzar?

¿Cuáles son las áreas que queremos medir y que nos indicarán si estamos por el camino correcto?

¿Con qué frecuencia podemos medir estas áreas?

¿Qué haremos si las mediciones revelan que nos hemos desviado?

Establecer mediciones con anticipación es un punto de partida poderoso para aumentar la frecuencia. Si dejamos el éxito abierto a la interpretación de varias personas, reduciremos en gran medida nuestra frecuencia. Más importante aún: el definir los resultados con antelación asila una de nuestras tendencias humanas más destructivas: la necesidad de tener la razón. Cuando ejecutamos una decisión, abiertos a la realidad de que podemos estar equivocados, también nos abrimos a recursos de creatividad y poder que no hemos aprovechado. Algunos dirán que el estar abierto a equivocarse es el equivalente a "jugar a lo seguro" o indica bajos niveles de compromiso. Aunque en algunos casos puede ser cierto, he visto muchas más personas soportando por mucho tiempo malas decisiones o errores, solo por no admitir que estaban equivocadas. De nuevo, nuestra parcialidad por querer tener la razón suele hacernos sesgar o ignorar por completo los errores, con el fin de sentirnos mejor por nuestras decisiones.

Paso 2: Elimina las vacas sagradas

En nuestras vidas, muchos hemos tenido momentos en los que nos aferramos con obstinación a ciertos hábitos, situaciones, comportamientos, personas y objetos, así no nos sean útiles o incluso si afectan determinado resultado. Esto es lo que llamo "vacas sagradas". La expresión vaca sagrada viene de las vacas que la religión hindú considera sagradas. A veces, sabemos cuáles son nuestras vacas sagradas, mientras que en otras ocasiones no son tan obvias. Trabajé con un empresario que había contratado a su cuñado para que fuera su gerente de ventas. El nombramiento estaba generando problemas morales y era necesario cambiar esa decisión si el empresario quería alcanzar la visión que tenía para su empresa. Él reconocía abiertamente que haber contratado a su cuñado no había sido su mejor decisión. Pero, al mismo tiempo, insistía en que no lo iba a despedir debido a la abrumadora presión familiar. En su caso, él prefería perder su empresa que despedir a su cuñado. La probabilidad de que ese empresario alcanzara su visión era casi nula. En realidad, él no estaba impulsado por la visión, de hecho, su visión eran solo deseos.

Nuestras vacas sagradas vienen de diferentes formas. La necesidad de tener la razón puede convertirse en una vaca sagrada. En consejería y entrenamiento, por lo general, puedo saber cuándo he tocado la vaca sagrada de una persona, por la energía que usan para protegerla. Cuando ejerzo presión contra una de estas ideas, en escenarios de entrenamiento, a menudo recibo una respuesta casi violenta. Hace unos meses, me encontraba interrogando a un hombre de mediana edad respecto a su experiencia. Él reconocía que era adicto al trabajo y que había dejado que su matrimonio se afectara. También era alcohólico. Hacía poco, su hijo mayor había sido arrestado por consumo de narcóticos y había sido sentenciado a prisión por ser reincidente. Una de sus hijas ya no le dirige la palabra. Le pregunté: "¿así que eres un buen padre?". Él explotó ante la insinuación de que era un mal padre, aunque había amplia evidencia que sugería sus falencias en esa área. "¿Cómo te atreves a decir que soy un mal padre?", gritó. Yo solo había hecho una pregunta, pero había tocado un nervio de un punto que él no quería mirar. La idea de no ser un gran padre era tan dolorosa que había creado toda una historia en torno a todos los demás elementos que contribuían a los resultados de su familia. De inmediato, supe que su necesidad de verse a sí mismo como un gran padre (una vaca sagrada) era más importante para él que en realidad ser un gran padre.

===== Las personas promedio =====

Están dispuestas a cambiar algunas cosas para alcanzar su visión.

===== Las personas exitosas =====

Están dispuestas a cambiar lo que sea para alcanzar su visión.

Cuando entrevisto a empresarios, usualmente comienzo con dos preguntas. Primera pregunta: "¿Cuál consideras que es el mayor problema que impide que tu compañía alcance tu visión?". Por lo general, tienen una respuesta bien ensayada: "Necesitamos mejor mercadeo", dicen, o "necesitamos más capital para comprar inventario a mejores precios". Si bien esas afirmaciones pueden representar áreas que necesitan trabajo, también sé que esos no son los mayores problemas que enfrenta la compañía. Mi segunda pregunta suele ser la más reveladora.

Segunda pregunta: "¿En qué áreas se destaca tu empresa de tal forma que no necesitan ningún cambio?". Por lo general, sus respuestas tienen la misma preparación. "Nuestros empleados son muy productivos". "A ellos les encanta trabajar acá" o "soy muy bueno administrando y entrenando". Usualmente, sus respuestas a la segunda pregunta revelan las áreas "intocables" en las que se encuentran sus problemas más apremiantes. De hecho, esas son las áreas que ellos prefieren no mirar.

Mi entrevista con un empresario hace un tiempo ilustra de qué estoy hablando. Su empresa había estado operando por quince años haciendo puertas personalizadas. Durante ese tiempo, habían crecido hasta alcanzar doscientos dólares en utilidades con cinco empleados. Estaban perdiendo dinero y les resultaba difícil mantener ocupados a sus empleados con trabajo. Cuando hice la primera pregunta sobre las áreas débiles, el propietario describió la falta de rendimiento de cuentas con sus empleados. Siempre me río por dentro cuando escucho esa respuesta, porque las personas con problemas de rendición de cuentas son justo las que tienden a culpar a otros por sus problemas.

Sin embargo, su respuesta a mi segunda pregunta reveló sus verdaderos problemas. Cuando pregunté sobre las mejores fortalezas de la compañía, respondió diciendo que él era un gran vendedor. Él podía venderle algo a cualquier persona que conociera. Eso sí me hizo reír en voz alta, porque él era alguien liderando una empresa que no crecía y con un trabajo inconsistente. Era un terrible vendedor, pero aun así seguía con los mismos procedimientos, porque para él era más importante verse como un gran vendedor que en realidad tener excelentes ventas en su empresa.

Las vacas sagradas de tu vida las puedes identificar por tus emociones hacia ellas. Para ilustrar la diferencia entre las vacas sagradas y algo con lo que no estás de acuerdo, observa cómo le responderías a alguien que hiciera la siguiente observación sobre ti. "Para mí eres un extraterrestre". ¿Desearías dedicar mucha energía para refutar una afirmación tan falsa? ¿Sentirías la necesidad de defender tu descendencia humana? ¿Esto genera un exabrupto emocional? Entonces, ¿qué comentarios sobre ti te harían tener una reacción fuerte? Es muy probable que estas sean tus vacas sagradas. Es más, cuando estamos seguros de que nuestras creencias, comportamientos, ideas o decisiones soportarán la evaluación y el escrutinio, no respondemos con la misma intensidad que cuando sabemos que estamos en terreno inestable.

Paso 3: Las teorías no comprobadas

Uno de los errores más comunes que cometemos es tomar algo que es teórico y tratarlo como si fuera comprobado y duradero.

Tratamos nuestras ideas como si fueran las correctas, en lugar de tratarnos nosotros con el escepticismo que, sin duda, hemos ganado con nuestra agudeza para la toma de decisiones en el pasado.

Como ya lo mencioné, tiempo atrás fui propietario de una pequeña empresa de software para empresas de control de plagas y cuidado de jardines. Como programador de computadoras, un día me emocioné al encontrar un CD incluido en una revista de la que era suscriptor. En los años noventa, eso no era tan común como lo sería años más adelante. De inmediato, lo tomé y comencé a jugar en mi computadora con la información que contenía. No hice ninguna compra, pero me pareció una idea fascinante. Luego pensé que debería hacer lo mismo para la industria de control de plagas y cuidado de jardines. Si envío un CD de demostración de nuestro programa, esto produciría excelentes resultados. Nadie había hecho eso antes. (Desde entonces, he aprendido a ser muy escéptico con mis ideas que "nunca se han hecho antes", debe haber una razón por la cual no se han hecho antes). De inmediato, me convencí que era una gran idea y que no podía fallar. Después de todo, había funcionado conmigo (sin tener en cuenta que no compré nada).

Llamé a la editorial de la revista más grande de control de plagas y les pregunté cuánto costaría poner un CD en cada número de su revista. Ellos nunca lo habían hecho, así que tendrían que ver si podían hacerlo. Al día siguiente, me llamaron y me dieron un precio por insertar a mano un CD en cada revista. Llamé a las otras tres revistas que usábamos para hacer publicidad e hice la misma pregunta. Cuando ya tuve todas las propuestas, se concluyó que nos costaría $250 dólares enviar CD en las cuatro revistas principales de cuidado de jardines y control de plagas. Comencé a contar cuánto dinero iba a ganar, con la plena seguridad de que iba a funcionar. Incluso, los de la primera revista volvieron a llamar con algo de escepticismo y me preguntaron si quería seleccionar un estado como California y poner CD en las revistas de esa área para hacer una prueba. Me ofendió que ellos consideraran mi idea una prueba, porque para mí era muy obvio que iba a funcionar. Además, uno de mis competidores podría aprovechar lo que estábamos haciendo y ganarnos la partida en otra parte. No, yo quería que esto salieran en las cuatro revistas para así alcanzar a todo el público de esas industrias en el planeta, y al mismo tiempo.

Un mes después, el CD salió junto con un plegable de ocho páginas ofreciendo nuestro programa. Sin duda, fue solo egolatría. Las cuatro revistas circularon la misma semana y unas 120.000 personas recibieron nuestro CD en pocos días. ¡Fue genial! Nuestras tres líneas telefónicas sonaban las veinticuatro horas del día. Mis siete empleados se dedicaban a tomar nota de nombres y números telefónicos. A la segunda semana, los teléfonos empezaron a sonar menos. A la tercera semana, los teléfonos prácticamente habían dejado de sonar y pudimos empezar a devolver llamadas. Nos encontramos con miles de posibles clientes que ahora habían desviado su atención a cosas mayores y mejores, y muchos ni siquiera recordaban habernos llamado. Muchos estaban frustrados por lo mucho que nos habíamos demorado en contactarlos. También encontramos algunos problemas de compatibilidad entre nuestros CD y varios computadores, y pasamos gran parte de nuestro tiempo haciendo funcionar nuestra demostración (una excelente primera impresión). En muchos casos, ni siquiera recibimos respuesta a nuestras llamadas y nuestros buzones de correo se llenaban en la primera hora después de cerrar todos los días. Cuando todo se tranquilizó, habíamos hecho ventas por un valor de $150 dólares con una campaña de mercadeo que había costado $250. Para quienes no son buenos en matemáticas, esa es una mala decisión de negocios. Fue un error costoso, y habría sido muy fácil para mí haber probado mis teorías a una escala más pequeña de forma previa.

Las personas promedio

Pierden en grande y ganan en grande (quedan en equilibrio).

Las personas exitosas

Pierden en pequeño (a menudo) y ganan en grande
(con una frecuencia rápida).

Si tú o alguien más no ha hecho algo antes, ¡entonces es una teoría! La ciencia esto lo llama una hipótesis. Reconocer la diferencia entre la teoría y los hechos nos da una perspectiva crucial en el proceso de toma de decisiones.

Paso 4: Mide los resultados con frecuencia y corrige el curso según como lo necesites

La regularidad por la cual "corregimos el curso" tiene un gran impacto en nuestras habilidades para mantener el curso y llegar a nuestros destinos deseados. Una vez hemos desarrollado una visión clara de a dónde queremos llegar, podemos comenzar a programar nuestros dispositivos de dirección a casa. El viajero que quiere ir desde Los Ángeles hasta New York no solo empieza a conducir. El viaje puede ser más largo de lo necesario debido a obstáculos imprevistos. Tampoco habría garantía de que el viajero incluso pueda localizar New York. Por otra parte, el viajero que inicia un recorrido estableciendo las referencias más sencillas, tales como tener en cuenta el hecho de que Las Vegas está más o menos a cuatro horas de Los Ángeles, está en muchas mejores condiciones. Es poco probable que alguno de nosotros esperara hasta haber conducido por dos días para verificar y asegurarse de llevar el curso correcto.

En una ocasión, pensé en esta obviedad mientras pescaba en mi pequeño bote de aluminio. Estaba muy emocionado cuando compré ese bote. Tan pronto como entré al agua con él, fijé mi rumbo hacia la entrada de un estrecho cañón en el extremo opuesto del lago en el que solía ir a pescar. Como no quería perder tiempo de pesca, comencé a armar mis cañas mientras avanzábamos cruzando la parte más ancha del lago. Cinco minutos después, levanté la mirada y me encontré casi de vuelta en el muelle. Había hecho un gran círculo en el borde, porque no estaba corrigiendo el curso con la frecuencia correcta. En este caso, debía corregir el curso con mucha más frecuencia si quería llegar al punto designado al otro lado del lago en una cantidad de tiempo razonable. También había pensado para mis adentros que el tiempo que pasaba corrigiendo el curso o dirigiendo el bote de alguna manera se podía dedicar a atar anzuelos. El tiempo que no tomé para darle dirección al bote superó cualquier tiempo que ahorré al dedicarme a hacer otra cosa mientras cruzaba el lago. Cuando comencé a corregir el curso con mayor frecuencia, haciendo pequeños ajustes, mi tiempo de viaje se redujo y el recorrido hacia mi destino se hizo más claro.

La actividad sola no siempre se traduce en resultados. Conozco personas que tienen agendas tan frenéticas que parecen exigir esfuerzos heroicos para poder cumplir con todo. Hay quienes, por intuición, reconocen que no lograrán los resultados que quieren de la vida si se sientan en la tribuna a observar, así que se mantienen ocupados todo el tiempo. Pero si sus esfuerzos no están ligados a un curso, una visión o un resultado, ellos limitan drásticamente su efectividad. Es más, las actividades que nos mantienen ocupados pueden convertirse en un fin en sí mismas cuando no las verificamos ni medimos. Esto lo veo con frecuencia en las empresas con las que trabajo. Mantienen muy ocupados a sus empleados con trabajo que no es rentable, y se preguntan por qué no pueden crecer o avanzar. Unas cuantas mediciones podría ayudarles a entender dónde hacer recortes, contactar clientes o hacer cambios.

Las personas promedio

Usan mediciones subjetivas con poca frecuencia
(del tipo nos gusta, no nos gusta).

Las personas exitosas

Usan mediciones objetivas ($8.100 dólares).

Un cliente mío tenía una empresa de construcción cuyo trabajo principal era hacer marcos. En nuestra primera reunión, me dijo lo bien que iba su empresa basándose en lo ocupados que estaban. El año pasado habían perdido dinero y ese año estaban teniendo dificultades. Sin embargo, tenían tanto trabajo que la mayoría de sus equipos tenían que trabajar horas extra. Cuando dimos un paso atrás para mirar todo el trabajo diario y comenzamos a detallar la visión del a dónde quería llegar con su empresa, hicimos algunos descubrimientos reveladores. Bajo la luz de su visión, vimos que gran parte de sus actividades cotidianas no lo estaban acercando a sus metas. De hecho, estaban estancando su empresa, y en ocasiones también la hacían retroceder.

Por ejemplo, encontramos que un contratista general en particular le estaba costando dos mil dólares por cada marco de casa que construía después de contabilizar todos los costos de sus clientes. Aunque el trabajo lo mantenía ocupado, esto no lo estaba llevando a su objetivo. Peor aún, estaba dejando de recibir trabajo que sería más rentable y lo ayudaría a avanzar porque toda su labor y sus recursos estaban ocupados trabajando y financiando los trabajos que generaban pérdidas. Aunque era contradictorio, en este caso él pudo reducir sus egresos en un 20% y establecer un cimiento más sólido para construir su empresa. Tres años después tenía una empresa pujante, diez veces más grande y con más de un millón de dólares al año en utilidades, porque había cambiado el estar "ocupado" por ser "efectivo y productivo".

Cuando aconsejo a pequeños empresarios, a menudo les sugiero que hagan análisis de sus empleados y tomen esto como oportunidades importantes para corregir el curso. En la mayoría de empresas pequeñas, los empleados suelen ser evaluados según el siguiente orden de frecuencias:

1. Nunca;

2. Cuando un empleado pide un aumento de sueldo; y

3. Cada año

Y estas evaluaciones anuales están en un distante tercer lugar. Yo sugiero evaluaciones trimestrales cuando un empleado va por buen camino y alcanzando referencias, y mucho más frecuentes (incluso diarias) cuando un empleado no está en curso. ¿Recuerdas la Ley de Newton en la sección 1 de este libro? Los objetos en movimiento tienden a permanecer en movimiento en la misma velocidad y dirección. Cuando no se corrige el curso de manera constante, los malos resultados se perpetúan.

Si pierdes el rumbo muchas veces, también tenderás a perder de vista tu visión. Corregir el curso con frecuencia logra dos tareas:

1. Esto te obliga a alinearte con tu visión, y

2. Te permite hacer ajustes más pequeños que evitarán la necesidad de hacer una modificación estratégica completa.

Paso 5: Premia la creatividad y las contribuciones

La alta frecuencia suele ser una dinámica de grupo. Si ese es el caso, la manera de interactuar con los demás determina la frecuencia del grupo. Pocos les dan a los demás la libertad de acción para cometer errores que se dan a sí mismos.

En una ocasión, vi un estudio en televisión que exploraba diferentes métodos para entrenar palomas. El objetivo del experimento era hacer que la paloma caminara por una entrada a un lado de una caja, cruzara la caja y presionara una palanca del otro lado de la caja. Cuando presionaba la palanca, una bolita de comida caía y la premiaba. El primer problema era hacer que la paloma llegara al lugar de la caja que estaba cerca de la palanca.

Una de las soluciones que intentaron fue poner electrodos en las paredes de la caja donde la paloma no debía estar. Ellos pensaban que, si generaba suficiente dolor al ave, esta pronto aprendería a ir a la parte correcta de la caja y presionar la palanca. Sin embargo, lo que sucedió fue que las palomas corrían al centro de la caja y se quedaban ahí quietas. Para ellas, el dolor de cometer un error no valía la pena ante la posibilidad de obtener una recompensa.

Las personas suelen comportarse de la misma manera. Para nosotros, puede ser tan doloroso cometer un error que la respuesta o solución más segura a un problema es no hacer nada o esconder los errores y dejar de tomar decisiones. Este tipo de comportamiento produce frecuencias lentas. Con las personas, al igual que con las palomas, las recompensas por los intentos de resolver problemas, así esos intentos no funcionen, producen resultados más sólidos en el largo plazo. Las personas exitosas son expertas recompensando a quienes incluso intentan resolver un problema, porque aquellas personas que siempre buscan cómo resolver problemas, en lugar de permitir que se conviertan en obstáculos, son las que sin falta aportarán al avance una y otra vez.

Un empresario con el que trabajé era el propietario de una empresa grande de construcción. Él había estado teniendo dificultades con uno de sus capataces, quien a su parecer no estaba dispuesto a tomar decisiones. Un día estaba presente cuando ese capataz entró a la oficina del propietario y le entregó un recibo al contador de la empresa por una sierra que había comprado ese día en Home Depot. Al parecer, uno de los trabajadores había roto una sierra en un sitio de trabajo que estaba cerca de esa tienda. Él tomó la decisión de ir a comprar una sierra nueva que había costado $79 dólares. El capataz reconoció que el equipo estaba estancado sin esa sierra y asumió que su primera prioridad era hacer que reasumieran su trabajo lo más pronto posible. Él compró la sierra con su propia tarjeta de crédito, pensando que le sería reembolsado el valor.

Justo al momento de él entregar el recibo, el propietario de la compañía pasó por su lado y preguntó qué estaba sucediendo. Cuando él mencionó el gasto, el propietario respondió exasperado, "¿no sabes que tenemos una caja llena de sierras? Las compramos en paquetes de diez para ahorrar dinero. ¿Por qué no me llamaste para preguntar si teníamos alguna en la oficina?". El empleado se vio avergonzado, frustrado y enfadado. Estoy seguro que estaba tomando la decisión de nunca más correr algún riesgo para resolver un problema para la empresa. En ese caso, el empleado había dado solución al problema de manera eficiente, pero el propietario estaba tan cegado por su necesidad de tener la razón como para notarlo.

Así el propietario tuviera razón, habría podido manejar la situación de otra forma. Quizás pudo haber dicho, "buen trabajo por haber hecho que el equipo retomara su trabajo. Aprecio tu iniciativa. Por cierto, tenemos una caja llena de sierras en la oficina. Quizás deberíamos juntar un paquete de elementos como esos para que los trabajadores tengan en los camiones de aquí en adelante". Ese tipo de diálogo de inmediato habría reforzado la confianza del capataz en su capacidad de resolver problemas, y también habría atendido la preocupación que el propietario tenía sobre los costos.

Paso 6: Aprovecha el coeficiente intelectual y las capacidades de los demás

Por mi experiencia, pocas personas en la vida aprenden a aprovechar el coeficiente intelectual de quienes los rodean. Quienes lo hacen son mucho más exitosos que quienes no. La mayoría de nosotros dependemos mucho de nuestra propia habilidad, inteligencia y capacidad, y vamos por la vida dándole mucho valor a nuestras propias perspectivas mientras le restamos valor a las de los demás. Cada uno de nosotros es inteligente a su manera, y todos estamos rodeados de personas que pueden aportar a nuestra inteligencia.

Quienes dependen solo de su propia inteligencia y capacidades tienen una desventaja significativa. Es simple: hay tanta información a nuestro alrededor como para que la podamos asumir y aprovechar al máximo. Quienes nos rodean, a menudo, tendrán perspectivas que pueden ser tenidas en cuenta de forma directa ante una decisión, en lugar de ser consideradas como última opción.

A veces, los mejores acercamientos para esto parecen ir en contra de la lógica. Un amigo mío fundó una exitosa empresa de suplementos nutricionales. Él alcanzó gran éxito por sí solo desarrollando marcas de billones de dólares y siendo el propietario de compañías matrices como *Fruit of the Loom* y BVD. He visto de cerca cómo interactúa con otros que trabaja con él, y me ha impresionado cómo escucha las opiniones de quienes lo rodean. Cuando busca un nuevo diseño de mercadeo, él tiene una buena perspectiva para comenzar. También tiene un equipo humano que trabaja con él, integrado por personas que son las mejores y las más brillantes en su industria. Pero él hace algo que está más allá de lo que los empresarios promedio hacen. Antes de tomar una decisión, él detiene a completos extraños, como meseros, cajeros de bancos y de tiendas, solo para escuchar sus opiniones acerca de una idea. No necesariamente busca consenso o acuerdo, sino que prefiere recolectar información de tal forma que, cuando tome una decisión, tenga más posibilidades de ser la correcta desde el comienzo. También logra otros dos objetivos importantes en la toma de decisiones:

1. Se deshace de su apego personal a tener la razón; y

2. Los demás también se involucran en su visión al aportar a sus decisiones y proceso de trabajo.

Paso 7: Fracasa más rápido

Cuando adoptamos el fracaso como parte integral del éxito, este pasa a ser menos desalentador. Quienes pueden reír y aprender rápido de los fracasos tienen mucho más éxito que los que luchan con ellos. Reconozco que esto es más fácil decirlo que hacerlo. Después de todo, nos definimos por nuestros éxitos y fracasos. Al mismo tiempo, quienes aceptan el fracaso y aprenden de él, eliminan las estrategias que condujeron a ese fracaso y tienen muchas más probabilidades de triunfar. El éxito es un proceso de eliminación tanto como un proceso de "hacerlo bien".

Thomas Edison afirmó que hizo más de diez mil intentos con la bombilla eléctrica antes de lograr una versión que funcionara como lo que él había visualizado. Cuando le preguntaron acerca de todos esos intentos y sí habían sido frustrantes, él respondió que sencillamente había encontrado que hay diez mil formas en las que las bombillas eléctricas no funcionan. Cada vez que encontraba una nueva manera en la que no funcionaban las bombillas eléctricas, estaba un paso más cerca de encontrar una que sí funcionaba. ¿Puedes imaginar lo rápida que debió ser la frecuencia de Edison?

Cómo aplicar la ley de la frecuencia

Estas preguntas pueden ilustrar áreas en las que puedes aplicar mejor la ley de la frecuencia en cualquier aspecto de tu vida:

¿Tengo una visión o resultado claros? (La frecuencia rápida no sucede sin una visión clara)

¿Conozco cuáles hitos a lo largo del camino indicarán que voy avanzando hacia alcanzar mi visión?

¿Qué indicadores o actividades podría mirar a diario para ver si tengo posibilidades o no de alcanzar mis objetivos?

¿A quién o qué le rendiré cuentas? Podría ser un compañero, cónyuge, entrenador, plan de negocios, compañeros de trabajo o cualquier otro grupo, persona, plan escrito u objetivo.

Si me desvío, ¿cómo lo manejaré?

¿Cuál es mi frecuencia y cómo puedo aumentarla?

¿Qué cosas soy más proclive a posponer? ¿Me espanto con problemas interpersonales, la confrontación, temas analíticos o financieros, sentimientos, emociones u otras categorías de problemas?

Reto: Selecciona un área de la vida, un problema que has estado evitando enfrentar, y resuélvelo hoy. Ten la conversación crítica o toma las medidas críticas para avanzar. Asegúrate de tener claridad en tu visión del resultado (no en cómo ha de suceder). Este podría ser un comportamiento personal que te has estado resistiendo a cambiar, así sea evidente que es un obstáculo. Podría ser una decisión financiera, una reducción de espacio o una compra. Cuando hayas procedido, escribe lo que aprendiste de ti mismo y de tu frecuencia.

LA LEY
DE LA PERCEPCIÓN

CAPÍTULO DIEZ

La ley de la percepción (retroalimentación)

"Mis clientes más insatisfechos son mi mejor fuente de aprendizaje".
— **Bill Gates**

A menudo, confundimos nuestro punto de ventaja en la vida como si fuera absoluto. En otras palabras, casi siempre pensamos que vemos el cuadro completo más que los que nos rodean. Como consecuencia, no ganamos las ventajas que se obtienen al tener diferentes perspectivas sobre una situación. A menudo, ignoramos por completo o le restamos importancia a lo que los demás ven o experimentan y, al mismo tiempo, elevamos nuestras perspectivas, habilidades e inteligencia. Esto puede ser un comportamiento peligroso y suele hacer que nos desviemos de nuestra visión, siguiendo procesos largos y dolorosos, porque ignoramos las señales que van desde lo sutil hasta anuncios de neón encendidos que los demás pueden mostrarnos. La ley de la percepción tiene varios componentes importantes. El primero es el desarrollo de la pasión y el amor por la retroalimentación. Este puede ser nuestro mejor aliado en el recorrido hacia el éxito. Cuando hayamos decidido que nos gusta la retroalimentación, cualquiera que sea, entonces entrará en escena el siguiente paso que consiste en no distorsionar lo que escuchemos.

Hace años tuve la oportunidad de asistir a un evento de Olimpiadas Especiales en el que iba a competir mi hijo, que tiene síndrome de Down. Otro de los participantes también era mi amigo, un joven alto de dieciséis años que se llama David. Él iba a competir en la carrera de cincuenta yardas.

Su discapacidad mental en la vida no había reducido su optimismo o actitud. La competencia se hacía por eliminatorias y David se encontraba en la cuarta. Como no tenía una motivación especial por ganar, pocos minutos antes de su carrera me paré a su lado, cerca de la línea de partida, para tratar de hacer que se emocionara y estuviera listo para "ganar". Cuando los competidores de la siguiente eliminatoria pasaron a la línea de partida le pregunté: "¿vas a ganar esta carrera David?". Él estaba en el primer carril y dio una mirada a los otros participantes. Luego me miró y dijo con una gran sonrisa, "puedo vencer a estos muchachos, todos son retardados".

No recuerdo si ganó esa carrera o no. Lo que sí recuerdo es su comentario y cómo muchos de nosotros podemos pasar toda la vida con ese mismo punto de vista. Siempre que me descubro mirando a quienes me rodean y pensando para mis adentros que soy más inteligente o diferente, uso ese comentario para recordar que estoy en la eliminatoria correcta. La mayoría de nosotros sufre de aquello que los psicólogos llaman el efecto "por encima del promedio". Cuando nos piden que juzguemos nuestra propia capacidad, desempeño o inteligencia, por lo general damos una calificación por encima del promedio sin importar cuál sea nuestra posición real. Lo que empeora las cosas es que, en realidad, así es como lo vemos. Ola Svenson, un investigador sueco, encontró que el 88%

de los estudiantes universitarios de los Estados Unidos se autocalificó por encima del promedio en sus destrezas de conducción. Otro estudio reciente, publicado en *Social Psychology Quarterly*, muestra que la mayoría de estudiantes universitarios se consideran a sí mismos "más populares que el promedio". En uno de los estudios más grandes adelantados en este tema, la College Board encuestó a un millón de estudiantes de último año de secundaria. El estudio encontró que el 70% calificó sus habilidades de liderazgo por encima del promedio, mientras que el 2% indicó que se sentían por debajo del promedio. Al preguntar por su capacidad de llevarse bien con los demás, todos los estudiantes se calificaron por lo menos dentro del promedio, donde el 60% se autocalificó en el 10% superior entre sus compañeros. El 60% se consideraron a sí mismos por encima del promedio en destrezas atléticas, y solo el 6% se veían a sí mismos por debajo del promedio.

Se han realizado numerosos estudios sobre "el efecto por encima del promedio" entre directores ejecutivos, analistas del mercado de acciones, estudiantes universitarios, oficiales de policía y funcionarios de educación estatal. Estos estudios una y otra vez indican que los participantes no tienen consciencia de cuál es su posición entre la multitud. Esto es cierto, en particular en relación con resultados subjetivos tales como la espiritualidad, las apariencias y la capacidad en toma de decisiones. Nuestra necesidad de vernos a nosotros mismos como personas mejores, más inteligentes o más fuertes que nuestros semejantes crea una dinámica interpersonal que nubla la capacidad de mejorar nuestras propias situaciones. Este fenómeno ocurre incluso entre los más inteligentes. Un estudio realizado en el año 1977 entre profesores universitarios encontró que el 94% de los encuestados consideraba que sus destrezas de enseñanza estaban por encima del promedio. Así que, podemos asumir que aproximadamente la mitad de esos encuestados estaban sobreestimando sus capacidades. Aunque no creo que esta tendencia de vernos a nosotros mismos por encima del promedio sea perjudicial, sí creo que es benéfica la forma como esto hace que tratemos a los demás.

Las personas promedio
Se ven a sí mismas por encima del promedio.

Las personas exitosas
Ven a los otros por encima del promedio.

Si bien muchos estamos más que dispuestos a sobreestimar nuestras propias capacidades en comparación con los que nos rodean, también somos responsables por alterar nuestras propias realidades para que puedan coincidir con las cosmovisiones que hemos elegido. Los optimistas alteran la realidad para que se ajuste a su versión de la vida, así como los pesimistas y los realistas. El problema que surge de alterar la realidad de esta manera es que perdemos las oportunidades de aprender y mejorar nuestros resultados. Si bien cada uno de nosotros siempre alterará la realidad en algún grado, la mayoría de las personas exitosas que conozco han logrado enderezar esa alteración. En consecuencia, ellos abordan la vida de manera más pragmática. Están en contacto con la ley de la percepción.

La ley de la percepción significa estar dispuestos a hacer ajustes en nuestras percepciones y comportamientos según la retroalimentación de quienes tienen diferentes percepciones. La mayoría de nosotros rara vez toma tiempo para ver cómo los demás perciben las cosas. Después de todo, saber cuán diferentes son nuestros pensamientos y sentimientos comparados con los de los demás puede resultar una experiencia incómoda. A menudo, cuando nos enteramos qué es lo que los demás piensan o sienten, nuestra respuesta inicial es restarle importancia o encontrar razones por las cuales esas percepciones no son tan precisas como las nuestras. Si bien no estoy proponiendo que procuremos considerar las percepciones de todos como mejores que las nuestras, sí sugiero que quienes buscan constantemente las perspectivas de los demás tienen buenas probabilidades de hacer ajustes a sus ideas, decisiones y comportamientos, con lo cual producirán mejores resultados de manera consistente.

Retroalimentación

Dado que la retroalimentación es solo información, en realidad depende de nosotros decidir si la consideramos positiva, negativa o neutral. Cuando decidimos que la retroalimentación es negativa, o incluso positiva en algunos casos, podemos obtener tres tipos de respuesta. En mi experiencia, la primera y más común de estas es la desviación. Cuando desviamos la retroalimentación, buscamos cómo invalidarla o quitarle importancia, menospreciando a quienes la dan, y reuniendo razones por las cuales sus opiniones no son exactas o importantes. Desde luego, cuando hacemos esto nos privamos de cualquier información importante que nos ofrece la retroalimentación. La desviación no contribuye en nada a nuestras decisiones conscientes y conocimiento interno. Por el contrario, consolida nuestra cosmovisión, llevándola a un punto de inflexibilidad, un impedimento serio para quienes esperan triunfar. Las personas que son capaces de hacer cambios efectivos en sus comportamientos, estrategias y tácticas son las que han aprendido a resistirse a responder con desviación.

Hay muchas empresas propensas a recurrir a la desviación en respuesta a las quejas de los clientes, culpar al cliente en lugar de esforzarse por hacer cambios en sus productos y servicios. Aun cuando los clientes en sí han contribuido a un problema cualquiera, esto le presenta a la empresa una oportunidad de cambiar su manera de capacitar a los empleados, así como de establecer expectativas entre los clientes, evitando de esta manera problemas futuros. En las relaciones, a menudo devaluamos la retroalimentación que recibimos de quienes son más cercanos a nosotros debido a los muchos conceptos que hemos desarrollado sobre ellos. Cuando, de manera continua, desviamos la retroalimentación que recibimos de amigos cercanos y seres queridos, ellos suelen dejar de darnos su retroalimentación. Y cuando los demás desisten en darnos retroalimentación, corremos el riesgo de llegar a la conclusión errada de que hemos corregido nuestras deficiencias y no necesitamos hacer ningún cambio.

El segundo acercamiento más común a la retroalimentación es aceptarla, pero luego alterarla para que se adapte mejor a nuestras necesidades. La retroalimentación no suele ser unidimensional. Puede tener tanto elementos positivos como negativos, y algunas veces puede ser completamente neutral. Cuando reorganizamos la retroalimentación, alterándola para que coincida con nuestras agendas, minamos su utilidad. Todos tenemos filtros a través de los cuales vemos el mundo que nos rodea. Estos incluyen optimismo, pesimismo, escepticismo, "victimismo" o fatalismo. Dependiendo del "ismo" de nuestra preferencia, digeriremos los trozos de retroalimentación que coincidan y filtraremos el resto. En la política, las relaciones públicas y el mercadeo, este proceso de moldear la información se llama "girar". Es un proceso que provoca grandes cantidades de desconfianza en los demás y, a su vez, paraliza nuestro desarrollo y capacidad de progreso. Tendemos a ver con facilidad dónde los demás están moldeando o girando la información, mientras que ignoramos cuantas veces hacemos lo mismo.

Una amiga y yo solemos moldear la misma información en dos direcciones completamente opuestas. Ella se preocupa más que yo, mientras que yo estoy preparado para ver todo (incluso las cosas por las que vale la pena preocuparse) de forma optimista. Hace poco, ella habló ante una audiencia de varios miles de personas en un evento que había organizado. Después de su discurso, uno de los asistentes le dio algo de retroalimentación que pude escuchar, ya que estaba a su lado. En el breve intercambio, el asistente la felicitó por comentarios que al parecer habían tenido mayor eco que los de los demás oradores. Más tarde esa noche ella y yo estábamos hablando, y pude ver que sentía muy estresada por cómo se estaba desarrollando el evento. Por lo visto, ella había asumido que el comentario de la persona significaba que los otros oradores no lo estaban haciendo tan bien como ella esperaba. Yo había tomado la retroalimentación como una indicación de que ella había realizado un buen trabajo. De hecho, el comentario que ella había recibido no decía ninguna de esas cosas, pero ambos filtramos las partes que no coincidían con nuestras interpretaciones preferidas.

La tercera manera de recibir o incorporar retroalimentación es tomarla de forma directa, sin alterarla. Esto sucede cuando una persona busca activamente la retroalimentación y progresa con ella. Cuando alguien no tiene el deseo personal de siempre tener la razón, así como de tomar decisiones acertadas y desarrollar comportamientos eficaces, esta persona puede recibir la retroalimentación de manera directa y verla tal como es. Otro de mis amigos cercanos, quien ha disfrutado de un alto nivel de éxito en los negocios, ha dominado esta forma de recibir retroalimentación. Habíamos realizado una sesión de entrenamiento juntos, después de la cual supimos que uno de los asistentes no había tenido una experiencia positiva. Casi de inmediato, yo respondí con un comentario negativo sobre la incapacidad de esa persona y su falta de voluntad para comprender algunos de los conceptos más profundos que habíamos discutido durante la sesión. Para mí, era conveniente verlo de esa forma, puesto que eso satisfacía mi ego y me protegía de estar equivocado.

Sin pensarlo, mi amigo respondió de una manera muy distinta, demostrando como el recibir retroalimentación se había convertido una forma de vida para él. Resulta que el asistente estaba en el mismo edificio donde nosotros estábamos reunidos y, para no desaprovechar la oportunidad, mi amigo de inmediato fue a buscarlo. Yo lo seguí, interesado en ver como terminaría todo. Cuando él se acercó al asistente, yo comencé a sentirme ansioso y no estaba muy seguro querer oír más de sus comentarios. Sin duda, no creía que él estuviera calificado para aconsejarnos en cómo mejorar nuestro entrenamiento. Mi amigo fue directo al grano. Le dijo que había escuchado que había partes del entrenamiento que le habían gustado, y tenía curiosidad de escuchar su perspectiva en esas áreas. Pasamos la siguiente media hora conversando, a manera de sondeo y de manera detallada, los comentarios de esta persona. Mi amigo hizo muchas preguntas, y siempre comentaba las respuestas de la persona con frases como, "qué interesante", "fascinante", "gran punto de vista" y "ya entiendo", lo cual, a su vez, alentaba a que la persona llevara su retroalimentación a niveles más profundos y específicos. Incluso tomó apuntes para asegurarse de no terminar moldeando la información que estaba escuchando.

Yo ya le había restado mucha importancia a los comentarios que había oído. Tenía muchas razones por las cuales algunos no eran válidos, y muchas tenían que ver con conceptos que me había formado del asistente y la situación en su vida. Pocos días después, mi amigo y yo conversamos de nuevo. Él dijo: "he estado mirando bien los comentarios que recibimos la otra noche. Obtuve muy buena información. Los siguientes son algunos cambios que podríamos hacer y que a mi parecer podrían mejorar nuestro entrenamiento". Y tuve que aceptar que los cambios que estaba proponiendo eran muy buenos. Aprendí que cuando se toma la retroalimentación de forma directa, es muy probable que la persona que da sus comentarios esté dispuesta a ofrecer más información, aumentando así la utilidad de la retroalimentación. En este caso, la retroalimentación había desbloqueado en mi amigo niveles de creatividad que habríamos perdido en nuestro primer paso al desarrollar los módulos de entrenamiento. No es sorpresa que este amigo tenga un largo historial convirtiendo adversarios en aliados. Lo ha hecho una y otra y otra vez en sus negocios y aspiraciones personales.

Muchas veces, le restamos valor a la retroalimentación diciendo cosas como, "ya sé eso", "ya lo había escuchado" o "déjame decirte por qué lo hago/hacemos de esa forma". Estas declaraciones no promueven la retroalimentación ni nos dan la oportunidad para escuchar. Las siguientes sí lo hacen:

- Interesante

- Cuéntame más

- Fascinante

- ¿De qué me estoy perdiendo?

- Esa es una perspectiva diferente

- ¿Cómo abordarías el problema?

- ¿Qué harías diferente si estuvieses en mi posición?

- ¡VAYA!

CAPÍTULO ONCE

Refracción

Cuando nos desanimamos, perdemos interés o cambiamos nuestra retroalimentación, dejamos pasar la oportunidad de aprender de esto. A este proceso de flexión de la realidad lo llamo "refracción". Cada vez que la luz pasa a través de diferentes tipos de material, se *refracta* o cambia su ángulo en algunos grados.

Esta refracción crea diversos tipos de ilusiones ópticas. Es lo que sucede cuando introduces un palo en el agua clara: el palo parece doblarse. Tan pronto como en nuestra consciencia entra alguna información en bruto, esta pasa de ser una pieza de información universal a estar en diferentes grados de nuestra conciencia. Como tenemos la tendencia a refractar la información y la retroalimentación, nos hacemos un gran favor cuando permitimos que las percepciones y/o reflexiones de otros compensen nuestras inevitables distorsiones.

En la física, el ángulo más allá del cual la luz no puede penetrar se llama "ángulo crítico". Si nos situamos más allá de ese ángulo crítico, la información o retroalimentación se refleja o se desvía de tal forma que nunca llega a nuestra conciencia. Pero cuando nos abrimos y buscamos información más directa, nos alejamos más y más de ese ángulo crítico donde la retroalimentación no llega en absoluto. Para ilustrar esto, a continuación hay algunos diagramas que ilustran las tres formas en las que podemos recibir retroalimentación. Observa que cada una de estas gráficas nos muestra diferentes formas en las que podemos posicionarnos con respecto a la retroalimentación:

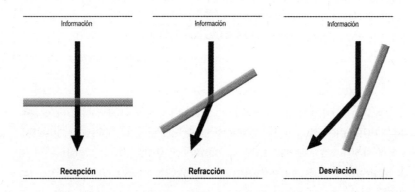

Información   Información   Información

Recepción   Refracción   Desviación

Recepción: Cuando estamos abiertos o receptivos a nueva información, se da una refracción mínima o nula. Nos posicionamos para recibir retroalimentación de frente. La información nos llega directamente. Cuando recibimos retroalimentación de esta manera, así como lo hizo mi amigo con el aprendiz insatisfecho, esta nos ilumina de forma más plena. Otros también estarán mucho más dispuestos a darnos una retroalimentación honesta.

Refracción: Cuando recibimos retroalimentación con una inversión en el aspecto de la retroalimentación, solo recibimos parte de esa retroalimentación. Nos ubicamos en un ligero ángulo para recibir retroalimentación. La información se distorsiona y se altera y, aunque es posible beneficiarse de la iluminación parcial, la luz sigue siendo dispersa y difícil de ver. Cuando recibimos retroalimentación de esta manera, el que la da y el que la recibe están propensos a diluir las observaciones.

Desviación: La desviación se produce cuando nos cerramos a la retroalimentación. Al hacer esto, nunca la oímos ni la vemos. Maquillamos los resultados que queremos ver y les indicamos a los demás que ni siquiera tiene sentido ofrecer alguna retroalimentación. Lo que es peor, tenemos menos posibilidades de cambiar, porque desviamos cualquier información útil que tenga que ver con nuestro comportamiento. Recuerda, una vez que la luz pasa el ángulo crítico, ya no penetra en absoluto, simplemente se desvía de la superficie.

Hace poco, una compañera de trabajo experimentó los efectos de la refracción, lo opuesto de recibir información de forma directa. En cierto punto, se encontró luchando con uno de sus compañeros de trabajo. Desde su perspectiva, él había estado comportándose como si fuera más importante que los otros miembros del equipo ejecutivo, aunque todos tenían el mismo estatus en la empresa como vicepresidentes sobre sus respectivas áreas. Lo que más irritaba a mi amiga era la necesidad que mostraba su colega de siempre sentarse en la cabecera de la mesa. Ella lo veía como una actitud impulsada solo por el ego, con el fin de hacerles saber a los demás que él estaba a cargo. Él lo hacía todo el tiempo, ya fuera en una reunión durante un almuerzo o en la sala de juntas. Su insistencia en sentarse a la cabecera de la mesa se había convertido en algo cada vez más irritante para ella, al punto que lo catalogó como alguien obsesivo por tener el control.

Las personas promedio

Desvían y refractan la información y la retroalimentación
para sentirse mejor consigo mismos.

Las personas exitosas

Reciben la retroalimentación de forma directa y hacen
preguntas de sondeo.

Después de varios meses, mi amiga decidió que quería redefinir
o reinventar esa relación. Ella creó una idea de cómo se veía y
sentiría, y luego se puso en marcha con la determinación de mejorar esa relación. Esa mañana, había programada una reunión de
gerencia y el compañero de trabajo con el que tenía dificultades
llegó tarde. Para alivio de mi amiga, alguien más había tomado
la silla a la cabecera de la mesa. Cuando su irritante compañero
entró quince minutos tarde, ella esperó para ver su reacción al
no tener su puesto tradicional en la cabecera de la mesa. Él no lo
dudó, tomó una de las sillas laterales y la llevó hasta la cabecera de
la mesa, donde le pidió a la persona que ya estaba allí que se mo-
viera. Sobra decir que mi amiga quedó estupefacta con ese flagran-
te juego de poder. Por unos minutos, estuvo molesta hasta que
recordó la visión o intención que se había propuesto esa mañana:
aprender a apreciar a este colega a pesar de sus evidentes defectos.

Después de un rato, sintió que empezaba a ablandarse mientras se concentraba en la admiración que sentía por él, así como
agradecimiento por lo que él le aportaba a ella y a la compañía. A
medida que su corazón se abrió para apreciar la forma de ser de su
compañero, pudo notar algo por primera vez. Vio que él ladeaba

la cabeza ligeramente cada vez que alguien hablaba. Nunca antes había observado eso, porque había estado desviando esa pieza de información en particular. De pronto, vio que su compañero de trabajo mostraba todas las características de alguien que tenía problemas de audición.

Por eso, siempre se sentaba a la cabecera de la mesa. Se perdería la mitad de la conversación si se sentaba en los costados de la mesa. Al sentarse a la cabecera, podía ladear un poco su cabeza y escuchar todo lo que se decía. Ella se sintió muy mal por todos los juicios que había hecho de él.

Después de la reunión, se disculpó con él y comprobó que, de hecho, él era casi completamente sordo de un oído. Ella estuvo ignorando todo aquello que no apoyara su visión de la realidad hasta cuando se abrió a él y dejó de alterar la evidencia que apoyaba su perspectiva.

Las siguientes son algunas reglas básicas que pueden ayudar a administrar y expandir nuestras percepciones para que no nos cerremos a la realidad de forma similar:

1. **Entender que la percepción gobierna la realidad.** Lo que otros ven es lo único que les interesa. Esto determina su comportamiento y lo que hacen. No podremos llegar a ellos a menos que podamos ver lo que ellos ven.

2. **Sospecha de tus propias percepciones.** Todo el tiempo cuestiono mis propios puntos de vista. Esto no quiere decir que sea lento para tomar decisiones, sino que estoy abierto a que los demás cuestionen mis decisiones y busco oportunidades para mejorarlas. En realidad, espero estar equivocado acerca de algo o alguien. Cuando estoy equivocado, esto abre nuevas oportunidades para hacer las cosas bien.

3. Aprende a valorar las percepciones de los demás.
Al buscar ser influenciados (no controlados) por las percepciones de otros, nos volvemos mejores oyentes y alumnos y menos críticos. Aumentamos dramáticamente nuestro coeficiente intelectual a medida que incorporamos las opiniones de los demás a nuestras propias opiniones.

4. No tengas miedo de saber cómo te ven los demás.
A medida que somos más conscientes de cómo nos ven los demás, estamos en mejor capacidad de representarnos con eficacia a nosotros mismos.

5. Aprende a reírte de ti mismo. Me río de mí mismo... y mucho. Por eso puedo dar fe que ese es uno de los mejores métodos que conozco para mantener a punto mis percepciones. Siento que cuanto más podemos "superarnos a nosotros mismos", más podemos tratarnos a nosotros mismos (y a los demás) de manera justa.

CAPÍTULO DOCE

Ten disposición a estar equivocado

Hace años, con mi compañía de software, veía el entorno empresarial en el que competíamos como si tuviera unas gruesas gafas color rosa, construidas por mí mismo. Tenía un concepto muy alto de mis capacidades de diseño y programación, y de mí en general. Veía a mis competidores como si fueran inferiores, así como mi amigo de las Olimpiadas Especiales, sin detenerme a pensar que estaba en la misma liga que ellos. Estaba rodeado de programadores y empleados que también invertían en nuestra empresa y su software, y los veía a ellos con los mismos lentes de color rosa. La única diferencia entre sus puntos de vista y el mío era el grado de importancia que poníamos en nuestra propia participación en el éxito de la empresa. Veía a la compañía como si girara en torno a mí, y llegué a ver que los demás sentían lo mismo con respecto a sí mismos. Si preguntaba, todos diríamos que estábamos abiertos a escuchar retroalimentación y que queríamos aprender, a pesar de que nuestra forma de actuar habría indicado lo contrario. Tal vez se hacía más evidente en la forma como recibíamos retroalimentación o quejas sobre nuestro software.

Estábamos constantemente rodeados de retroalimentación, parte de ella formal, pero la mayor parte en forma de solicitudes de servicio al cliente. Cada vez que yo o una de mis personas de apoyo escuchaba a un cliente insatisfecho, tendíamos a retraernos ante la aparente ineptitud del cliente con el fin de minimizar el impacto de la queja sobre nuestros delicados egos de programadores. Era más fácil hacer esto que enfrentar la percepción que los clientes tenían de nuestro producto.

Una vez recibimos la llamada de una cliente nueva que estaba muy frustrada. Ella comenzó la conversación diciendo: "su software es horrible". Ya puedes imaginar cómo salió todo. Mi técnico de soporte de inmediato empezó a explicar las razones por las cuales nuestro software era el mejor de la industria. En esencia, su mensaje era "su percepción de nuestro software está equivocada". De hecho, ninguna de las partes estaba escuchando a la otra. En ese tiempo yo ya había comenzado a esforzarme por ser un mejor oyente, gracias a algunos comentarios que había recibido. Decidí interceptar la llamada telefónica, y sorprenderla tomando yo mismo la llamada. Empecé a hacerle preguntas, muy interesado en ver qué era lo que tanto la molestaba. Quería aprender.

Resultó que ni siquiera había mirado el software, porque se había quedado estancada en la instalación del software, la cual, a su parecer, era confusa. Yo personalmente había escrito el programa de instalación, así que estaba empezando a sentirme a la defensiva al oír las críticas de la cliente. Había diseñado el programa de instalación de una manera que permitiera a cada usuario personalizar la configuración inicial y elegir entre una variedad de componentes. Pero lo que a mi parecer era flexible, sofisticado y personalizable, a mi cliente le parecía confuso, complejo y complicado. Tuve dificultades para no enfrentar a la cliente en términos de combate sobre cuál percepción era más precisa.

Mientras seguía haciéndole preguntas, finalmente mencionó su marco de referencia, que era un CD de demostración que uno de nuestros competidores le había enviado. Ella se sentía muy intimidada con las computadoras, y el competidor tenía un instalador de un solo clic. Desde mi punto de vista, esto era simplista, inflexible y poco sofisticado. Y, desde luego, no podía manejar la gama de las necesidades de mis clientes típicos. Pero hasta ese momento, nunca había pensado en ofrecer ambas opciones. Después de escuchar a esta infeliz cliente, le dije que quería empezar de nuevo y que iba a modificar la instalación y le enviaría una copia a través con un envío rápido al día siguiente. En menos de treinta minutos, ya había modificado el CD para dar también la opción de instalación rápida y, al día siguiente, la cliente expresó su satisfacción. Esto pasó a ser nuestra instalación estándar, y en encuestas que hicimos a clientes tiempo después, descubrimos que el 90% de los que instalaban el software utilizaban esa opción. La aparente hostilidad de esta cliente, que tuve la tentación de pasar por alto, terminó ampliando mis propios puntos de vista. No sorprende que la mayoría de los paquetes de software ahora tengan dos instalaciones: típica y personalizada. Por lo visto, mi cliente estaba en lo cierto.

Hace varios años, pasé una especie de entrenamiento intenso que había sido diseñado para alinear algunas de mis percepciones de la vida con los que me rodean. Fue muy duro. Parte del proceso implicaba escuchar retroalimentación de quienes me conocían, así como de quienes apenas me conocían. Recibir la retroalimentación de familiares y asociados de negocio fue la parte más difícil de esa experiencia. Cuando escuchaba respuestas de personas que apenas conocía que me decían cosas como "eres arrogante", "crees que eres más listo que los demás", "eres inaccesible" y cosas similares, mi primera respuesta era defensiva. "Ni siquiera me conoces", pensaba. Luego recibía el mismo tipo de retroalimentación de mis compañeros de trabajo y familiares. Me afectó cuando lo escuché por primera vez. En parte, había dado en el blanco, y yo sabía que a veces podía ser condescendiente. Otras partes en realidad realmente no tenían sentido para mí. Me consideraba afable y extrovertido, y, por ningún motivo, "inaccesible".

Cuando dejé de analizar y lo tomé por lo que era, información, empecé a apreciar su valor. Al entender que otros podían sentir que yo no aceptaba sus aportes y comentarios, también me di cuenta de que esa era su percepción, y así estuviera o no de acuerdo, su percepción importaba. Yo tampoco podía defender mi propia percepción diciendo algo como: "¿cómo te atreves a llamarme inaccesible?", reforzando así su punto de vista. O, podía aceptar conscientemente la retroalimentación y trabajar en mejorar los rasgos que quizá podían llevar a los demás a verme como accesible. Para mí, esto incluía delegar mejor, abrir las discusiones con mayor frecuencia, ofrecer mis propias ideas después de que los demás habían expresado las suyas, decir "gracias" y así sucesivamente.

Al hacer frente a estas percepciones, pude sentirme mucho mejor con mis relaciones con mis compañeros de trabajo y asociados, las cuales cada vez eran más productivas, y como ellos ya se habían acostumbrado a darme retroalimentación, podía confiar en que la respuesta positiva que ahora estaba recibiendo era genuina. Al final, en realidad no importaba si estaba o no de acuerdo con ellos. Lo que importaba eran sus percepciones, las cuales regían sus acciones de la misma forma en que mis percepciones regían las mías. Como la mayoría de nosotros tenemos una visión que involucra a otras personas, es fundamental que reconozcamos cómo nuestras percepciones gobiernan nuestras acciones. Mientras no estemos: A) conscientes de las percepciones de los demás y B) dispuestos a hacer ajustes con el fin de gestionar, cambiar o alinear nuestras percepciones con los demás, estaremos librando una batalla cuesta arriba para alcanzar esa visión.

Tuve una de mis mejores experiencias de aprendizaje al abrirme a las percepciones de los demás. A la edad de veintiún años, empecé a trabajar como programador informático. Como era de esperar, me consideraba muy por encima del promedio en esas habilidades. Unos quince años después, había llegado a ser el dueño de lo que quizás era el mayor proveedor de software del momento en las industrias de control de plagas y cuidado de céspedes. Mi relativo éxito había cambiado mis percepciones de lo que había afianzado nuestra industria de software. Tenía un competidor que consideraba mi némesis absoluta. La compañía tenía un programa de software mucho más viejo que nosotros, pero tendíamos a dividir las nuevas ventas en la industria por la mitad. Desde mi punto de vista, no tenía sentido que fueran tan exitosos. Desde una perspectiva técnica, nuestro programa de Windows era mucho mejor que su obsoleta versión, que seguía basándose en DOS, el sistema operativo original de Microsoft. Cada semana me preguntaban varias veces cuál era la diferencia entre nuestro software y el de ellos. Mi respuesta era siempre la misma: "Nuestro software es para Windows, el de ellos es en DOS y, aparte de eso, no sé por qué yo no me fijo en el software de ellos". No solo no lo miraba, tampoco me había tomado la molestia de preguntarle a alguien acerca de ese software. Únicamente asumía que nuestro software era superior, porque yo lo había programado.

Gasté enormes cantidades de dinero en el desarrollo. Mi percepción era que el mercado se veía impulsado por la tecnología, y llegaría a un punto crítico cuando nuestra tecnología sería tan superior a la de la competencia que el mercado no tendría más remedio que comprar nuestro programa. Debido a que mi formación era en programación, mi solución a todo era programar. Enviábamos actualizaciones mensuales del software, todo el tiempo añadíamos más características e informes. Aunque nuestra lista de características crecía con rapidez, seguíamos compartiendo el mercado de software con ese competidor. Sin darme cuenta, la estructura de mi compañía reflejaba con claridad los elementos que a mi parecer eran los más importantes del mercado: teníamos siete programadores, tres personas de ventas y dos personas de atención al cliente.

Un día perdí un gran trato contra nuestro competidor. Estaba muy frustrado. Decidí que necesitaba más información, puesto que para mí no tenía sentido haber perdido ese trato. Me había enterado de que seis clientes de los más de mil que teníamos y que tenían nuestro software, habían vuelto al software de nuestra competencia. Haría lo que fuera para hacer que uno de sus clientes viniera a nosotros, incluso le daría nuestro software gratis, convertiría sus datos para que funcionaran en nuestro programa y le daría soporte gratuito. Ese día en particular, decidí averiguar por qué la gente utilizaba el software de nuestro competidor. En un comienzo, mi misión de recopilación de información se centró en la pregunta equivocada, que en esencia era: "¿Por qué somos mejores?". Las respuestas de los seis clientes a los que llamé me decepcionaron mucho. Se negaron a decir alguna de las cosas malas que esperaba oír de nuestro competidor. Yo quería lo malo. Tomé notas durante mis conversaciones en un bloc amarillo y, al terminar la entrevista con el último cliente, sentí que había estado perdiendo el tiempo. En retrospectiva, las entrevistas no fueron muy productivas, porque, en esencia, se habían centrado en las características del software. Yo no estaba haciendo preguntas más amplias, porque en mi mente ya había decidido que las funciones de software determinaban los patrones de compra de los clientes.

Sentado en mi oficina, sintiéndome bastante desalentado, empecé a revisar las notas que había tomado. Tres de los seis clientes habían hecho el mismo comentario. Habían dicho que era muy bueno que no cerráramos nuestro servicio de soporte durante la hora de almuerzo. Yo sabía que nuestro competidor cerraba su servicio de soporte de 11:30 a 12:30 para almorzar y que debías dejar un mensaje si llamabas a esas horas. Nunca había pensado mucho en eso, porque no encajaba dentro de mis parámetros preferidos. Quería que nuestras diferencias incluyeran algún componente de software atractivo que fuera revolucionario para mis clientes. No había obtenido lo que estaba buscando en características del software, ya que estas en realidad no conducían a decisiones de compra dentro de nuestro segmento de mercado en ese momento.

Durante el mes siguiente, decidí usar mi renovada perspectiva, aunque iba en contra de todo mi enfoque de negocios que giraba en torno a la superioridad tecnológica. Cada vez que un cliente potencial me preguntaba sobre las diferencias que había entre nuestro competidor y nosotros, yo respondía, "llámelos hoy al mediodía y verá". Yo sabía que recibirían un mensaje grabado anunciando que no atendían a la hora del almuerzo, y yo me estaba asegurando que nosotros, por el contrario, siempre tuviéramos suficiente personal disponible para nuestras llamadas telefónicas, en especial durante la hora del almuerzo. El incremento en ventas que logramos fue inmediato y dramático. A menudo recibíamos la llamada de un cliente potencial a las 12:15 para hacer un pedido de nuestro software. De un momento a otro, comenzamos a dominar a nuestra competencia.

El cambio en la condición de mi empresa tuvo que ver con mi nueva voluntad de tener una visión diferente del mercado. Comprendí que mis percepciones iniciales de lo que impulsaba las decisiones de compra había errado el blanco por completo. Cuando comencé a hacer más y mejores preguntas, y a hacer encuestas periódicas entre los clientes, mis errores de juicio se hicieron aún más claros. Una encuesta en particular fue muy reveladora. Encontramos que la mayoría de nuestros clientes sentían que utilizaban una pequeña fracción de las capacidades de nuestro software. Nuestros clientes promedio, de hecho, sentían que usaban solo el 2% de nuestro programa. Eso me dejó atónito. Nuestras constantes actualizaciones y el aumento de funciones e informes estaban teniendo un efecto opuesto a lo que había imaginado. ¡Imagina un cliente utilizando solo 5 informes de los 400 que teníamos disponibles! Eso significaba que ,cuando enviábamos una nueva actualización promocionando los 20 nuevos informes que habíamos añadido, la mayoría de nuestros clientes en ese momento estaría usando 5 de los 420 informes. Aunque ahora parece elemental, por primera vez comprendí que los propietarios de empresas de control de plagas no eran programadores informáticos y no veían el software de la misma manera que yo lo hacía.

Durante los próximos meses, hice cambios radicales a la estructura de la empresa. Empecé a dar soporte en horario de oficina para todos los husos horarios de Estados Unidos. Un mes más tarde, lo amplié para incluir soporte las 24 horas siete días a la semana. Seis meses después de esas primeras encuestas entre los clientes, estaba en una posición muy diferente de lo que había imaginado alguna vez. Estábamos dominando la industria desde un punto de vista de software. La estructura de mi empresa ahora era muy diferente, con tres programadores, siete personas de ventas y más de 35 personas de servicio al cliente. Había aprendido que el servicio al cliente, no la tecnología, era lo que impulsaba el mercado. Nuestro competidor, por el contrario, había perdido la gran oportunidad que yo había encontrado, simplemente por no molestarse en preguntar lo que los clientes valoraban más de su proveedor de software. Literalmente, habían salido a comer.

CAPÍTULO TRECE

Motores de valor

Una forma útil para mantener bajo control nuestra percepción y aprovechar la percepción de los demás es entender los "motores de valor". Estos son aquellos factores que son de mayor importancia para nosotros en determinada situación. Déjame ilustrarlo describiendo mis propios motores de valor cuando compro un automóvil.

En primer lugar, la elección que tomo debe ser compatible con las actividades de un aficionado a las actividades al aire libre como yo. Necesito que pueda tirar de remolques con botes y llenos de las diferentes bicicletas, motos de cuatro ruedas y otros vehículos de recreación al aire libre de mi familia. Como vivo en las montañas de Utah, también debe tener la capacidad de moverse en terreno escarpado, sobre todo durante los meses de invierno cuando hay mucha nieve. Además de esos requisitos prácticos, tengo algunos conceptos fundamentales que afectan mi selección de vehículo. Como soy el mayor de ocho hijos que fueron criados en un ambiente familiar muy conservador y frugal, mi tendencia es mantenerme alejado de autos que considero llamativos o excéntricos. Me es difícil pensar en invertir más de cien mil dólares en un auto, eso no iría conmigo, así me sobrara el dinero. Por todo eso, apoyo mucho la asequibilidad cuando se trata de comprar un auto. No me gustan las deudas, aunque sí me gusta aprovechar el dinero de otros, así que las ofertas a bajo interés o sin interés me resultan muy atractivas. Creo firmemente en crear relaciones de negocio en las que ambas partes ganan, así que quiero un precio justo, pero también quiero que el vendedor gane algo de dinero.

Mis decisiones de compra de automóvil también se basan, en gran medida, en las impresiones que otros podrían tener de mí. Hace poco, en internet, vi la foto del último modelo de un fabricante pensé, "ese es un auto muy bueno", hasta que vi su modesto precio base. De inmediato, me preocupó lo que mis clientes o amigos pensarían de mí sí me veían conduciendo un auto que era conocido por ser de muy bajo costo. Al mismo tiempo, soy muy sensible en cuanto a conducir un automóvil que puede parecer pretencioso para mis clientes o socios. Tiendo a centrarme en vehículos seguros, de gama media y que no sean ni demasiado baratos ni demasiado caros. Por lo tanto, suelo terminar comprando el último modelo más completo de la línea de vehículos que compro. Lo hago para poner un poco de estilo y dar a entender algo sobre mi propia imagen de éxito, algo que promuevo con mis clientes y asociados, mientras que al mismo tiempo muestro que soy alguien aplomado y accesible. Esto me conduce a un rango de opciones bastante limitado.

Hace algún tiempo, leí un maravilloso libro titulado *The Millionaire Next Door*, el cual presenta los problemas de estilo de vida diario del millonario americano promedio. Cuando comencé a leer el libro, mi punto de vista, en contra de mis inclinaciones más naturales, era que "es importante parecer rico". Conducía un Lexus y también tenía un costoso Mercedes. Al leer el lado más práctico de millonarios, una de las estadísticas más llamativas para mí tuvo que ver con el vehículo más común entre los millonarios. Era una camioneta Ford F-150. Me sentí como si me estuvieran dando permiso para cambiar mi Mercedes, lo cual hice, por un vehículo más adecuado para mi estilo de vida. Desde entonces, he estado conduciendo una F-150, junto con auto híbrido debido a creciente interés por "cuidar el medio ambiente".

También tengo algunas otras preferencias personales específicas cuando compro un vehículo. En realidad, no me gusta el marrón o los colores tierra, por ejemplo. Tampoco me gustan los colores brillantes como el rojo o amarillo. Me atrae el azul, el color plata, el negro, el blanco, o incluso el dorado. También me gusta cambiar de color, así que tiendo rotar entre vehículos de diferentes colores. Conservo un auto durante unos cuatro años y, por lo general, voy al concesionario sabiendo lo que quiero o no quiero y no me emocionan mucho las pruebas de manejo. No puedo soportar esperar, así que, cuando me decido a comprar un auto, planeo hacer lo que sea necesario para evitar largos trámites y salir conduciéndolo ese mismo día.

Al mirar la información anterior, mis motores de valor, como los de todos, suelen caer en cinco amplias categorías.

1. **Valores esenciales.** Son valores más profundos que, por lo general, giran en torno a las percepciones o creencias respecto a lo bueno y lo malo. Suelen derivarse de decisiones religiosas, familiares, morales o éticas que, con el tiempo, se han afianzado en el carácter y la estructura de una persona. A menudo, son valores que no solo aplicamos a nosotros mismos, sino que, a nuestro parecer, también los demás deberían adoptar. Dicho esto, al tratar de comprender los valores fundamentales de los demás, tenemos mejores condiciones para forjar relaciones productivas con ellos.

2. La percepción que los demás tienen de nosotros. Nuestros sistemas de valores a menudo giran en torno a cómo nuestras decisiones pueden afectar a los demás o qué creemos que les hará sentir acerca de nosotros. Aunque este motor de valor tiene algo de connotación negativa, es muy real. Gran parte de lo que hacemos como seres humanos se centra en cómo nos percibirán los demás. Esto se aplica a la ropa que compramos, lo que conducimos, la música que escuchamos y así sucesivamente.

3. Nuestra percepción de nosotros mismos. Como queremos que los demás nos perciban de ciertas maneras, también tomamos decisiones basadas en lo que somos y lo que queremos ser. La clave de esta categoría de motores de valor es nuestro fuerte deseo de sentirnos bien con nosotros mismos. Por ejemplo, cuando somos bondadosos o decidimos servir como mentores, enseñar o atender a otros de cualquier manera, esas acciones, junto con un simple deseo de ser útiles, pueden provenir de un fuerte motor de valor interno que impulsa el deseo de estar entre aquellos que "hacen lo correcto". O tal vez sentimos la necesidad de corregir las inclinaciones que parezcan egoístas o insensatas.

4. Preferencias personales. Estos motores de valor se dividen en dos categorías. La primera área suele estar dirigida por nuestros cinco sentidos: la vista, el gusto, el olfato, el oído y el tacto. Cada uno de nosotros tiene preferencias personales con respecto a los aspectos y las sensaciones que son motores importantes en las decisiones que tomamos. La segunda categoría se impulsa más por la personalidad e incluye elementos tales como la conveniencia y los métodos de selección preferidos (como mi deseo de conducir un auto nuevo el mismo día que lo compro, en lugar de esperar a hacer la orden de uno). Por lo general, no hay bien o mal asociado con estos motores de valor, porque son solo cuestión de gusto personal.

5. La resolución del dolor. Estos son quizás los motores de valor más poderosos y con frecuencia pueden superar a los otros. Los seres humanos hacen todo lo posible para resolver los problemas dolorosos, ya sean físicos o emocionales. El dolor, después de todo, proviene de las diferencias entre la forma como experimentamos algo y lo que preferiríamos estar experimentando.

Volvamos al proceso de compra de un auto y demos un vistazo a algunos ejemplos más específicos de cómo nuestros motores de valor podrían afectar nuestras decisiones en la vida. Desglosaré cómo cada uno de estos tipos de motores de valor pueden manifestarse en ese escenario:

Valores principales: Los valores principales sobre la compra de un auto pueden incluir las siguientes afirmaciones:

• Creo que deberíamos comprar autos hechos en Estados Unidos.

• Creo que deberíamos comprar autos que sean amigables con el medio ambiente

• Está mal gastar $150.000 ($100.000, $50.000, etc.) dólares en un auto.

La percepción de los demás tengan de mí: Los motores de valor en esta área pueden incluir las siguientes afirmaciones:

• Mis clientes pueden pensar que gano demasiado (o no suficiente) dinero si condujera este auto.

- A mis padres (hermanos, hermanas, amigos) les darían muchos celos si condujera este auto.

- Las chicas (los chicos) pensarían que soy muy atractivo si condujera este auto.

- Mi esposa (esposo) me dispararía si comprara este auto.

- Este auto se destacaría mucho (encajaría, no encajaría) en este vecindario.

- Mis amigos (parejas) estarían muy impresionados con lo rápido (lujoso, grande) que es este coche.

- Con este automóvil, todo el mundo pensará que soy una buena madre, o un buen padre.

- Quiero que los demás sepan que soy consciente del medio ambiente.

Mi percepción de mí mismo: Las afirmaciones de motores de valor pueden incluir:

- Quiero sentirme joven (a la moda, poderoso, etc.) en el auto que conduzco.

- Yo merezco (no merezco) un automóvil de éxito.

- Soy consciente del medio ambiente y quiero un auto que no afecte mucho el medio ambiente.

- Soy práctico.

- Me preocupa la seguridad.

Preferencias personales: Esta lista de valores podría incluir:

- Prefiero el azul.

- Me gusta rápido (grande, pequeño, deportivo, práctico, seguro).

- Me gusta el olor del cuero.

- Me gusta estar bien alto (cerca) del piso.

- No me gusta pagar intereses (altos precios, el precio completo).

- No me importa (me importa) esperar para tener el auto ideal.

- Prefiero los usados (nuevos).

La resolución del dolor: Estos motores de valor pueden incluir:

- No puedo obtener (mantener) un empleo si no tengo auto.

- Mi auto todo el tiempo se vara y estoy gastando una fortuna en repararlo.

- No puedo costear la gasolina o un seguro el auto que tengo ahora.

CAPÍTULO CATORCE

¿Cómo podemos aprovechar los motores de valor y las percepciones de los demás?

Cada decisión que tomamos está ligada a nuestra percepción del valor. Invertimos nuestro tiempo, dinero y esfuerzos en personas, servicios y cosas que consideramos valiosas. La vida es una serie de relaciones, ya sean con los jefes, empleados, compañeros de trabajo, clientes, proveedores, cónyuges, hijos, amigos o familiares. Pocos podemos alcanzar nuestra visión de la vida sin estas relaciones, y la única manera en que podemos enlistar a estas personas para que nos ayuden a alcanzar nuestra visión es encontrar lo que ellos valoran y dárselo. Aunque es mucho más fácil decirlo que hacerlo, las personas exitosas entienden que, si quieren más de los demás, tienen que crear más valor para ellos.

La pregunta que suele surgir aquí tiene que ver con quién determina el valor. La mayoría de nosotros tenemos la tendencia de tomar lo que valoramos en la vida e imponerla a todos los demás. Sin embargo, la primera regla para crear valor para los demás es que la otra persona siempre determine el valor que se está creando para ellos. Esas brechas entre lo que valoramos y lo que otros valoran crean mucha frustración y energía desperdiciada en nuestras vidas, y lo empeoramos cuando adivinamos mal, asumimos o les decimos a los demás lo que deberían o podrían valorar.

En muchos de los entrenamientos de negocios que hago, uso teclados para sondear la audiencia. Ese método me permite proyectar los resultados de lo que eligen. A menudo, hago preguntas de información demográfica al inicio del proceso para así poder separar los datos globales por edad, ingresos, género o cualquier otro criterio demográfico. Lo más importante que he aprendido de este proceso es que no hay absolutos. Siempre me sorprende lo diferente que se sienten las personas. La mayoría de personas sobrestima en gran medida el número de personas que probablemente comparten sus puntos de vista.

Algunas de las disparidades que veo en las respuestas entre los diferentes grupos demográficos son también reveladoras. Una de las preguntas que a menudo hago es "¿cuál es la cualidad más importante de un buen esposo?". Ellos pueden elegir entre cinco opciones: que sea apuesto, que sea honesto y fiel, que sea un compañero/mejor amigo, que sea un gran proveedor, que sea un gran amante. Sin duda, esta no es una lista exhaustiva que representa todos los posibles aspectos de ser un buen esposo. Sin embargo, es una excelente demostración de cómo solemos perder el objetivo entre nosotros con respecto al valor. El desglose varía de un grupo a otro, pero, por lo general, es algo similar a lo siguiente:

Que sea atractivo	3%
Que sea honesto y fiel	40%
Que sea un compañero/mejor amigo	30%
Que sea un gran proveedor	25%
Que sea un gran amante	2%

Los números parecen estar bien divididos entre las tres opciones de la mitad. Eso es hasta que separas los datos por género y ves cómo los hombres clasifican sus propios motores de valor percibido frente a cómo las mujeres los perciben. Por lo general, se ve algo como esto:

	Hombres	Mujeres
Que sea atractivo	6%	0%
Que sea honesto y fiel	27%	53%
Que sea un compañero/mejor amigo	18%	45%
Que sea un gran proveedor	44%	2%
Que sea un gran amante	4%	0%

Según estos números, lo que está claro es que el valor, en términos de ser un buen cónyuge, rara vez lo dicta un solo elemento, es más complejo que eso. Sin embargo, estas estadísticas también confirman un conflicto común entre esposos. El hecho de que un porcentaje tan alto de hombres sobreestime el valor de ser un gran proveedor en comparación con el valor que le dan sus esposas sugiere que este mismo porcentaje de hombres también tienen percepciones desequilibradas acerca de sus matrimonios.

CAPÍTULO QUINCE

Cociente de valor

Veamos más al respecto. Digamos que John y Mary son esposos. John piensa que él crea el mayor valor en su matrimonio por ser un gran proveedor. Él trabaja mucho tiempo, a menudo de cincuenta a sesenta horas a la semana, con lo cual gana una considerable cantidad de dinero. Puede pagar una bonita casa, tener buenos autos, y que sus hijos estudien en escuelas privadas. Basado de su versión de creación de valor, él se daría un 8 o 9 en una escala de 10 puntos. En contraste, digamos que su esposa está en la categoría de encuestados que escogen "mejor amigo" como la más alta cualidad de un buen esposo. ¿Qué calificación recibiría él en la escala de valores de ella? Digamos 3 o tal vez 4.

Entonces, ¿cuál es el valor real que John está creando en esta relación? ¿Es el 8 que él piensa, el 4 que María piensa o tal vez un 6 como promedio de los dos? La respuesta es 4. La otra persona siempre determina el valor que tú creas en la relación. No obstante, John seguirá haciendo lo que la mayoría de nosotros hace en las relaciones, que es trabajar en lo que él percibe como su mayor valor. Él trabaja más, compra una casa más grande, mejores autos, y cree que está subiendo en la escala de valores, aunque haya de un 4 a un 2 en la escala de valores de su esposa. Muchas de sus discusiones reflejarán esta disparidad de valores y esfuerzos. John asegurará que Mary no aprecia el trabajo duro y los frutos de su trabajo, y Mary argumentará que él nunca está en casa.

De hecho, ninguna de las partes entiende los puntos de vista de la otra parte. Mary, por ejemplo, puede interpretar el duro trabajo de John como una muestra de que él no quiere estar cerca de ella. En su mente, cuando alguien ama a otra persona, desea estar cerca tanto como sea posible. John, a su vez, interpreta la obvia frustración de Mary como insatisfacción con su forma de proveer para la familia, porque siente que es la principal forma que crea valor para ella.

Las personas promedio

Imponen sobre los demás lo que ellos valoran.

Las personas exitosas

Siempre buscan ver lo que otros valoran.

El siguiente es otro ejemplo de este concepto, tomado de mi antigua compañía de software. Como programador informático, diseñador de software y propietario de la empresa, tenía un punto ciego triple. Estaba convencido de que nuestro programa era muy bueno. No podía y no quería ver ni saber nada más acerca de nuestro programa. En cierto punto, habíamos pasado tres largos meses desarrollando una nueva versión muy importante para nuestro software. Desde mi perspectiva, esto iba a revolucionar nuestra industria. La pieza central de este nuevo software era un componente de programación que había sido muy complejo y difícil de desarrollar. A esta complejidad, le asigné valor. Además, había invertido mucho tiempo y recursos financieros en este proyecto, de modo que lo apreciaba tanto que no podía concebir que alguien no pudiera ver su valor de la misma manera que yo. Yo sabía que todos los propietarios de las empresas de control de plagas o de cuidado del césped saltarían de sus asientos cuando vieran la nueva versión de nuestro software.

Cuando por fin llegó la fecha límite de publicación, todo nuestro personal trabajó hasta las 3:00 a.m. eliminando pequeños errores y fallas, y probando el producto final. Yo estaba emocionado. Había programado una demostración con una gran empresa en la ciudad de Oklahoma, y mi vuelo salía desde Phoenix a las 7:00 a.m. esa misma mañana. Esa noche no pude dormir, porque estaba muy entusiasmado con mostrar este nuevo software por primera vez. Al llegar a Oklahoma, alquilé un auto y conduje a la sede principal de la empresa que estaba visitando.

El propietario de la empresa, un hombre de 65 años, me dio la bienvenida, y parecía muy contento de ver lo que tenía para ofrecerle. Para comenzar con la demostración, fui directo a la yugular, y presenté las nuevas funciones de programación de horarios. La característica más compleja de esto era un programador automático que permitía a los usuarios crear un grupo de citas. El planeador luego las procesaba todas junto con los datos correspondientes a los camiones y técnicos de la empresa. Esto determinaría entonces las mejores horas y rutas posibles y formularía un programa basado en distancia y tiempo de conducción. Era impresionante, y en cuestión de segundos y con mayor precisión, podía hacer lo que a la mayoría de estas empresas les tomaría horas realizándolo a mano.

Vi la cara de este cliente potencial cuando introduje el primer grupo de citas en el planeador. En cuestión de segundos, había calculado la forma más eficiente para organizar esas citas. El cliente parecía poco impresionado. Incluso me pareció detectar un ligero ceño fruncido. Esto no iba como pensé que iría. "Tal vez es un poco lento, por su edad y todo", pensé. Mejor se lo muestro de nuevo. Introduje una nueva serie de citas en el planificador. Pero, aun así, no obtuve respuesta. Mientras le hacía la demostración por tercera vez, él se aclaró la garganta. "Siento que haya perdido el tiempo volando hasta aquí", dijo, "pero, en realidad, esto no es lo que estamos buscando". Quedé devastado. Luego prosiguió: "Heredé esta empresa de mi padre y he sido el dueño por 35 años. Hemos usando la misma antigua computadora central durante los últimos treinta años y se bloquea al menos una vez al mes. Cada vez que se bloquea, tardamos tres días, con personal trabajando horas extras, para reformular y volver a introducir la información que hemos perdido. Odio las computadoras. Odio la tecnología. Todo lo que quiero es algo que no se bloquee y pueda imprimir mis facturas. Si nuestra empresa no fuera tan grande, ni siquiera usaría computadoras". Estaba empezando a sentirme enfermo. Aunque mi software podía cumplir sin problema con sus necesidades, yo sabía que ya había echado a perder el trato. Quince minutos después de mi llegada, me encontraba rumbo de vuelta al aeropuerto con las manos vacías y agotado.

En esa situación, mi método para determinar el valor se basó en lo complejo y sofisticado que era el programa. El posible cliente de Oklahoma, por el contrario, tenía una manera completamente diferente de medir el valor, lo cual iba en contra de mi sistema de valores. Sin embargo, *la otra persona siempre determina el valor que aportamos a una relación.* Fue una lección dura que se presentaría muchas veces antes de aprenderla.

Cuando no estás seguro de qué es lo que la otra persona valora, es natural que tengas dificultades creando valor. Esta incertidumbre, en gran medida, deja la creación de valor en manos de la suerte. Debido a que puede ser difícil de medir o determinar lo que otra persona valora, a menudo es algo que solo intentamos adivinar. Cuando el valor es subjetivo, es difícil tratar o cambiar el valor que aportamos a una relación. Cuando encontramos cómo cuantificar o expresar valor de una forma medible, es más fácil. Este valor cuantificable que uno crea con los demás lo llamo nuestro "Cociente de Valor" o CV.

El CV se puede ilustrar con el siguiente cuadro:

Cociente de valor

[Valor real]

El cuadro del cociente de valor te permite trazar la percepción del valor que estás creando frente a la percepción de valor de la otra persona. Hay tres zonas diferentes donde podemos terminar:

Sobre-valoradores

"Sobrevaloramos" cuando percibimos nuestro propio valor a un más alto nivel de lo que otra persona lo percibe. Cuando un esposo siente que está mostrando un 9 en su matrimonio y su esposa lo valora en 5, él se está sobrevalorando. La sobrevaloración hace que un matrimonio sea difícil, porque la forma en la que nuestro cónyuge actúa no se alinea con el valor que pensamos que estamos creando para ellos. Podríamos esperar que nuestra esposa salga corriendo por el pasillo para saludarnos después de un largo día de trabajo. Pero no funciona así muy a menudo. Los empleados que ganan $40.000 dólares al año y piensan que deberían ganar $ 50.000 dólares se están sobrevalorando. No confundas la sobrevaloración con la capacidad para crear valor. Se trata de dos cuestiones distintas. La sobrevaloración se presenta más que todo por diferencias en lo que concentramos nuestro tiempo y energía. Ocurre con mayor frecuencia cuando hacemos suposiciones sobre lo que otros quieren o sobre nuestro valor.

La sobrevaloración es contraproducente y suele conducir a la frustración de ambas partes. Cuando alguien sobrevalora, en esencia se está desconectando de la realidad. La sobrevaloración trae consigo varios desafíos adicionales. Por ejemplo, cuando sentimos que nuestro aporte es mayor de lo que otra persona reconoce, tendemos a disminuir nuestro nivel de rendimiento para compensar lo que vemos como un rendimiento superior. Para justificar el valor actual que nos damos a nosotros mismos, lo más probable es que nos refiramos a logros del pasado que no tienen nada que ver con nuestro rendimiento actual. "Yo era el mejor vendedor en mi última empresa", podemos decir, aunque no hayamos producido ningún resultado significativo en nuestra compañía actual. Cuando sobrevaloramos, por naturaleza, estamos fuera de contacto con lo que otros consideran importante en nuestras relaciones. Nos sentimos frustrados, porque trabajamos muy duro y sentimos que los demás no lo aprecian. En general, cuando sobrevaloramos, esperamos el día en que otros reconozcan nuestros sorprendentes aportes, pero nunca mejoramos o cambiamos porque no vemos necesidad de hacerlo. Para que los sobrevaloradores mejoren, se necesitan instrucciones muy claras con respecto a los resultados y los plazos previstos. Sin una respuesta clara, es inevitable que se den a sí mismos calificaciones más altas de lo que están logrando en realidad.

Sub-valoradores

Los sub-valoradores tienen el problema opuesto. Cuando subvaloramos, disminuimos considerablemente el valor que creamos. Mi esposa tiene mayor inclinación a subestimar su contribución que a sobrevalorarla. Ella suele ser demasiado crítica consigo misma, dejando a otros rascándose la cabeza sobre sus reacciones intensas. Cuando subvaloramos, tenemos miedo de siempre estar quedando cortos y, en consecuencia, nos tratamos mal nosotros mismos. Al igual que los sobrevaloradores, los subvaloradores pierden contacto con la realidad en relación con el valor que aportan a una relación. De hecho, justifican su valor al hacer promesas relacionadas con el futuro. Pueden decir: "voy a llegar temprano y a trabajar hasta tarde para asegurarme de que las cosas se hagan". Por lo general, viven en un mundo de "debí hacer" y "pude haber" ("debería haber ido a la universidad", "si solo hubiera obtenido ese otro trabajo..."). Los que subestiman suelen ser perfeccionistas que no se atreven a tomar decisiones importantes y necesitan reconocimiento constante y retroalimentación positiva. Tomamos la retroalimentación negativa con rudeza y constantemente esperamos el segundo golpe. No aceptamos una retroalimentación honesta, en lugar de eso leemos entre líneas y encontramos críticas incluso en los comentarios más inocuos.

Los alineados al valor

Cuando estamos alineados al valor, sabemos con precisión lo que cada parte valora en una relación, con lo cual podemos sacar el mayor provecho. Esto contribuye de forma natural a relaciones más saludables. Estamos en contacto con lo que la otra persona valora, y sabemos con claridad cómo estamos contribuyendo en base a ese sistema de valores. En lugar de discutir por un sistema de valores diferente, nos concentramos en descubrir lo que funciona dentro del sistema de la otra persona. Cuando estamos alineados al valor, no necesariamente esperamos dar siempre en el blanco. Por el contrario, sabemos dónde estamos y lo que se necesita para que podamos mejorar nuestro valor. A veces, descubrimos que la mejora está más allá de nuestra capacidad o deseos. Pero cuando esto sucede, al menos podemos tratar con la relación de forma consecuente.

Llegar a estar alineados al valor requiere cierto tipo de método para la cuantificación del valor. Y, sin duda, esto puede ser un reto en muchas relaciones. El siguiente es un diálogo que podría ser útil:

"Solo quería revisar y asegurarme de que estoy contribuyendo de forma adecuada a esta relación. Según lo que esperabas y necesitabas de mí ¿cómo está mi desempeño en una escala de 1 a 10, donde 10 es perfecto?".

Supongamos que la respuesta es un 6.

"Bien, en realidad no es donde quiero que esté nuestra relación. ¿Qué debería hacer para llevar esta relación a un nivel más alto?".

Escucha lo que diga, y no discutas.

Cuando hagas esto, tal vez te sorprenda que a menudo la otra persona responderá haciéndote la misma pregunta. Es un poderoso diálogo para la relación. Ten en cuenta que, al cuantificar los resultados, podemos tener una idea de cómo podemos mejorar la relación.

Al trabajar con pequeñas empresas, el método más común que he visto para medir tanto la satisfacción del cliente como del empleado es el método de medición denominado "no tener noticias es una buena noticia". En otras palabras, ya que nadie se ha quejado, deben estar felices. Muchas empresas se dan grandes niveles de satisfacción entre sus clientes porque ellos no presentan quejas. Qué terrible medición. Cuando las quejas surgen, es muy fácil justificar por qué no se justifican en realidad. Otras tácticas comunes incluyen respuestas cargadas para el cliente y el uso de calificativos. "Estas muy contento con nuestra empresa, ¿verdad?". Las preguntas cerradas se hacen difíciles de medir. No pedir retroalimentación pensando que hay una respuesta correcta. Es lo que es. Usa la retroalimentación para mejorar el desempeño de tu empresa o el personal. A menudo, la retroalimentación de clientes, empleados, compañeros de trabajo, y del cónyuge desbloquea la creatividad y hace que una persona o empresa despegue.

En general, creo que las personas tienden a autocorregirse cuando son conscientes de sus deficiencias.

Hace años, le pregunté a mi esposa una de las cosas más difíciles que podía imaginar. "En una escala de 1 a 10, ¿cómo lo estoy haciendo en esta relación?". No sé por qué tenía tanto miedo de hacer esa pregunta, pero lo tenía. Sentía que era un buen esposo. Sabía que tenía áreas en las que podía mejorar, pero me había dado un 8 general. Supe que estaba en problemas cuando mi mujer respondió a mi pregunta con "¿honestamente?". Supe que no era una buena idea hacer esa pregunta, pero quería saber qué tan lejos que estaba. Podía sentir cómo mis mecanismos de defensa empezaban a ponerse nerviosos antes de que ella me diera su respuesta. Ella lo pensó por un momento y dijo: "6". Yo quería decirle cuánto me esforzaba y la bonita casa en la que vivíamos, pero me trague las palabras. "Vaya, 6", dije: "eso no es donde quiero que nuestra relación esté. ¿Qué haría falta para que sea más alto?" En ese punto, ni siquiera iba por el 10. Sabía que quería un matrimonio con una calificación por encima de 6. Me preparé para la larga lista de "cosas por hacer" y atributos personales en los que debía trabajar, ya sintiendo lástima por mí y por las nociones destrozadas de como creía que había estado desempeñándome en el matrimonio. Mi esposa respondió, "recoger tus calcetines. Podrías subir de un 6 a un 8 si recogieras tus calcetines". Definitivamente no esperaba eso, aunque podía recordar con claridad sus quejas acerca de mis calcetines en numerosas ocasiones durante el último año. Me resistí al impulso de decir, "¿los calcetines? ¿Estás dejando que los calcetines se interpongan en el camino de nuestro gran matrimonio?".

Pero resultó que no era solo eso. Por un rato, hablamos y me di cuenta de que ella no se sentía apreciada. Los calcetines eran un ejemplo de algo que yo hacía y le comunicaba a ella que no la apreciaba. Entonces vi una luz al final de ese túnel de "6" en el que estábamos. Aunque no creaba mucho valor para mí el hecho que otros me expresaran su aprecio, sí significaba mucho para mi esposa. "Esto puedo hacerlo", pensé, y para mí fue un punto decisivo. He mejorado mucho en cuanto a hacer y decir cosas para que mi esposa sepa lo mucho que la aprecio. La mayor parte de lo que he hecho ha sido pequeño, pero he notado la mejoría en su visión y estados de ánimo a medida que he desarrollado una conciencia más aguda sobre lo que ella valora.

He descubierto que esta forma de retroalimentación de "1 a 10", además de proporcionar un método útil para la cuantificación, también tiene otro efecto poderoso. Resalta la retroalimentación específica que de otro modo sería diluida y genérica. Es difícil trabajar con una retroalimentación ambigua. "Los empleados sienten que eres un mal jefe". ¿Qué puedo hacer con eso? Sin embargo, cuando me entero que mis empleados califican mis habilidades de escucha con un 6, de repente tengo algo específico con lo que puedo trabajar. Al menos, puedo hacer la importantísima pregunta de seguimiento: "¿qué puedo hacer para ser un mejor oyente?". También puedo hacer un seguimiento para saber si estoy mejorando o no.

He estado sirviendo de mentor para otro entrenador llamado Spence por medio de una de las organizaciones sin ánimo de lucro con las que estoy involucrado. Durante los últimos seis meses, con frecuencia, hemos pedido retroalimentación al personal, de modo que Spence pueda avanzar más rápido en sus habilidades de entrenamiento. Nada mejora una trayectoria que la retroalimentación específica y directa. Por desgracia, la mayoría de las personas no son muy buenas en dar dicha retroalimentación. La mayoría la diluyen. Spence obtiene comentarios como: "creo que lo hiciste bien; todavía hay algunos puntos que hay que pulir". Es difícil mejorar con ese tipo de retroalimentación. Incluso, al indagar más, a las personas se les dificulta especificar, sobre todo porque no quieren ofender a Spence.

Un par de meses atrás, decidimos cambiar la manera de pedir retroalimentación. Primero, le hicimos la siguiente pregunta al personal: "En una escala de 1 a 10, si Brett fuera un 10, ¿cómo calificarías a Spence?". Las respuestas cambiaron inmediatamente. Pasábamos por todo el grupo y cada persona le daba un número de 1 a 10. La primera vez que tomamos la retroalimentación de esa manera, los números oscilaron entre 6 y 9. Después de que todos habían dado un número, volvimos a la primera persona e hicimos la siguiente pregunta. "¿Qué le faltaba para llegar a un 10?" La respuesta era directa, específica y a veces brutal. A Spence le encantó y pudo ver cómo su conjunto de habilidades mejoraba con cada día de entrenamiento. Para el último día, obtuvo de forma consistente calificaciones de 8 y 9. Incluso obtuvo unos 10. Qué gran manera de hacer que la gente sea específica con la retroalimentación. Qué gran manera de medir el valor.

A medida que aprendemos a buscar información específica y sustancial, y aprendemos de los demás qué es lo que valoran, tenemos que hacer lo mismo por ellos. Es de suma importancia acostumbrarnos a la describir de forma clara y concisa lo que valoramos de los demás. ¡Deja de ser ambiguo acerca de lo que quieres y haz que los demás lo sepan! Te sorprenderá lo bien que pueden desempeñarse cuando saben lo que estás buscando y lo que valoras.

¿Qué hago con la información que recibo de los demás?

Cuando sepas lo que valoran los demás y cómo ven su contribución a la relación, todo se hace más fácil. La pregunta pasa a ser: "¿estoy bien con ese resultado?" Si es así, entonces puedes seguir siendo como eres. Si no estás bien con el resultado, entonces la pregunta es "¿qué puedo cambiar o hacer de manera diferente para poder obtener un mejor resultado según lo que la otra persona valora?" Ahora se vuelve una opción: "¿Vale la pena para mí y lo que valoro hacer los cambios necesarios para aumentar el valor de la otra persona?". En otras palabras, ¿valió la pena recoger mis calcetines para que mi matrimonio pasara de un 6 a un 8? En mi caso, fue una decisión fácil que involucraba un conjunto de acciones relativamente fáciles. Sin duda era mejor que mi otra solución percibida de mejorar mi contribución, la cual era trabajar más duro para comprar autos más agradables y una casa más grande.

¿Qué pasa si no estoy de acuerdo con la forma en que los otros ven las cosas?

Por lo general, el simple hecho de no estar de acuerdo con alguien es un gran problema. Después de todo, estamos acostumbrados a conocer personas que no están de acuerdo con nosotros. Debido a que las percepciones son solo percepciones, no requieren estar de acuerdo. Lo que importa es que los demás se sientan escuchados y apreciados. Cuando preguntamos a otros sobre sus puntos de vista y percepciones, creamos potentes posibilidades de aprendizaje y aceptación. Hablaré más a fondo de las oportunidades de aprendizaje que surgen de valernos de quienes nos rodean en la Sección 5 de este libro. Por ahora, hablaremos de convertir los adversarios en aliados, aun cuando no vemos las cosas a su manera, sin tener la necesidad de que ellos vean las cosas a nuestra manera.

En una ocasión, asistí a una conferencia que reunía a defensores de la paz de todo el mundo. Representantes de diversos países, culturas, religiones, etnias, gobiernos y grupos de defensa estaban presentes. Cada uno venía a participar y ser parte de un movimiento de paz más grande. Todos habían dedicado gran parte de su vida y energía a la causa global en una gran variedad de ocupaciones, organizaciones benéficas y movimientos. Un amigo mío había decidido asistir a la conferencia conmigo. Él tenía fuertes puntos de vista de cómo se podría lograr la paz mundial. Él tenía gran éxito en términos financieros y veía la inclusión de la comunidad empresarial como un componente crítico del proceso de paz. Sin embargo, el trasfondo de la mayoría de los asistentes era académico, de movimientos sociales, de organizaciones sin fines de lucro, religioso y gubernamental. La mayoría también estaban dispuestos a señalar con el dedo a los negocios, la codicia y el capitalismo como factores que contribuyen en las guerras que causan odio en todo el mundo.

En determinado momento, alguien hizo un comentario acerca de cómo las empresas, y la comercialización en particular, eran los culpables de gran parte de los problemas del mundo. Mi amigo se puso de pie de inmediato e hizo una defensa igual de fuerte de por qué esta discusión o movimiento no podía darse sin la participación del sector empresarial en un nivel significativo. Cuando terminó de hablar, un joven de algún otro país se puso de pie. Estaba furioso de que mi amigo defendiera los negocios y el capitalismo, y no podía entender por qué no era obvio para todos que lo que mi amigo estaba defendiendo era en realidad el problema. Fue tenso.

Cuando terminó la sesión, mi amigo se puso de pie y buscó al joven que había sido tan crítico con él. Tomaron un par de sillas y comenzaron una breve, pero animada discusión. Mi amigo estaba escuchando más que todo, haciendo preguntas acerca de cómo el joven veía ciertas cosas. Al final, mi amigo vio con mayor claridad por qué el joven tenía sentimientos tan fuertes, aunque nunca adoptó el punto de vista del otro. Ellos solo acordaron estar en desacuerdo.

A la mañana siguiente, tuvimos otra sesión abierta. Mi amigo se había puesto de pie para presentar otro punto acerca de la importancia de extender este diálogo a la comunidad empresarial. Tan pronto como terminó, el mismo joven se puso de pie de inmediato. Me encogí, pensando que estábamos en otra réplica apasionada de las palabras de mi amigo. Pero, en lugar de eso, él se puso de pie para para decir que ahora para él era claro que las empresas debían hacer parte del diálogo de paz. Aunque mi amigo no había hecho nada para convencer o argumentar su punto de vista con el joven, el joven se había sentido escuchado la noche anterior. Y al sentirse escuchado, pudo llegar hasta un punto de vista diferente, e incluso respaldarlo, aunque todavía tenía una opinión muy diferente de fondo. Cuando los demás se sienten escuchados, tienen mayor capacidad de mostrar su apoyo, incluso si no están de acuerdo.

Aplicando la ley de la percepción

Las siguientes preguntas podrían aclarar cómo aplicar la ley de la percepción en tu propia vida.

¿Qué es lo que la otra persona (cónyuge, cliente, compañero de trabajo, etc.) quiere de la relación?

¿Estoy haciendo suposiciones o conjeturas acerca de lo que alguien quiere? No asumo nada acerca de los demás, incluso deseos o necesidades básicas. Me he sorprendido muchas veces. Por ejemplo, solía asumir que cada empresario quería obtener más ganancias. Lo sorprendente para mí es que hay un número significativo de ellos que ni siquiera ponen ese elemento cerca de la parte superior de su lista de prioridades. Antes pensaba que todo el mundo querría trabajar menos horas, pero hay muchos que no sabrían qué hacer sin sus largas horas de trabajo. Incluso hay quienes les encanta cómo los hace sentir el trabajar esas largas horas. Es peligroso hacer suposiciones acerca de lo que otros valoran incluso cuando parece obvio para nosotros.

¿Me concentro en dictar a los demás o discutir con ellos lo que deberían querer? Cuando nos encontramos sintiendo que alguien no nos aprecia a nosotros o que no aprecian algo que estamos haciendo "para esa persona", entonces es muy probable que no estemos aprovechando lo que esa persona valora. Cuando alguien no está respondiendo de la forma que esperamos, hay una buena probabilidad de que nos estemos perdiendo lo que es importante para ellos.

¿Debería hacer preguntas antes de presentar soluciones, aun cuando creo que entiendo lo que estamos tratando de resolver? Otros responden de manera diferente cuando sienten que tenemos una comprensión profunda del problema desde su perspectiva. Aun cuando adivinamos de forma correcta el problema desde su perspectiva, los demás se resistirán a nuestras soluciones o intentos de solución cuando no han tenido la oportunidad de expresar con claridad lo que es importante para ellos. En realidad, estarán buscando áreas en las que estemos desviados. Además, las preguntas a menudo aclararán en sus mentes lo que es importante para ellos.

¿Estoy asignando un estereotipo a una persona o grupo en lugar de contar con las preferencias y prejuicios de cada uno?

¿Me resisto a la tentación de hacer que otros se sientan mal por lo que valoran? ¿Me encuentro discutiendo cuando se trata de cómo se sienten los demás, qué les gusta o lo que quieren?

¿De qué manera tiendo a alterar o refractar información o retroalimentación? ¿Cómo tienden los demás a reaccionar o a responder mi refracción?

Desafío: Obtén hoy mismo la retroalimentación de dos personas acerca de cómo te estas desempeñando. Haz esta pregunta: "En una escala de 1 a 10, donde 1 significa que no podría ser peor y 10 que no podría ser mejor ¿Cómo es mi desempeño en esta relación?". Si la respuesta está por debajo de lo que le gustaría que fuera entonces di: "Eso no está donde quiero que esté ¿qué puedo hacer para crear más valor contigo?". Luego escucha, haz preguntas de sondeo, repite lo que has oído y hazles saber que pueden contar contigo.

LA CUARTA LEY

LA LEY DE LA
RESPONSABILIDAD

CAPÍTULO DIECISÉIS

La ley de la responsabilidad (apropiación)

La ley de la responsabilidad o la rendición de cuentas consiste en la apropiación sobre los resultados. La apropiación incluye asumir responsabilidad sobre nuestra contribución a los resultados positivos y negativos. Todos estamos familiarizados con el impulso de exagerar nuestras contribuciones a los resultados positivos y minimizar o distanciarnos de los menos positivos. En cualquiera de los casos, perdemos cuando hacemos esto, porque, cuando tomamos el crédito por aportes más allá de lo que en realidad hicimos, a menudo afectaremos de forma negativa a los demás y disminuiremos el rendimiento futuro. Y cuando nos distanciamos de lo que hemos aportado para un resultado, perdemos la oportunidad de ver lo que pudimos haber hecho de otra manera. Cuando no vemos lo que podemos hacer de una manera diferente, y optamos por ver lo que otros pudieron haber hecho de otra forma, entonces no aprendemos nada y, por lo tanto, quedamos expuestos a experimentar en el futuro los mismos o similares fracasos.

Aprender a rendir cuentas tiene tres ventajas principales:

1. Las personas que rinden cuentas se comprometen en un modo de aprendizaje rápido que no se puede obtener mediante otro método.

2. La responsabilidad trae consigo una sensación de poder personal que es contagiosa y transformadora.

3. Por último, la responsabilidad reduce en gran medida los roces con los demás. Les da la libertad de ser responsables por sí mismos sin temor a represalias o que se les culpe por los errores.

En marzo de 2007, Scott Burns, un escritor para *MSN Money*, publicó una columna sobre el mal servicio al cliente de *The Home Depot*. Miles de lectores agregaron sus mensajes a la columna de Scott. Uno de esos mensajes llamó la atención a nivel nacional.

Soy Frank Blake, el nuevo CEO de *The Home Depot*. He leído varias de las publicaciones en el espacio de mensajes de MSN (por desgracia había muchos), y hemos enviado un grupo de trabajo dedicado, que trabaja directamente conmigo, el cual está listo y dispuesto para hacer frente a todos y cada de los problemas planteados en ese espacio. Por favor, dennos la oportunidad.

No tengo cómo expresar cuánto lo siento por todas las historias que han compartido. Reconozco que muchos de ustedes fueron compradores leales y dedicados de *The Home Depot*... y los defraudamos. Eso es inaceptable. Los clientes son la sangre de nuestra compañía y la única razón por la que hemos podido construir una compañía tan exitosa es gracias a su apoyo. La única forma en que podemos seguir teniendo éxito es recuperando su confianza y su seguridad... y lo haremos.

Ya hemos tomado medidas para curar muchas de las enfermedades discutidas en este espacio de mensajes:

- Vamos a aumentar, y ya lo estamos haciendo, nuestro volumen de personal en las tiendas.

- También estamos en las primeras etapas de poner en marcha un programa a nivel nacional para reclutar y vincular a nuestro personal en tiendas personas expertas en diversos oficios para que nuestros clientes reciban el tipo de servicio y la experiencia que hizo a *The Home Depot* grande.

- Estamos haciendo una inversión importante en el aspecto de nuestras tiendas para que sean un lugar más fácil y más divertido para ir de compras.

- Y estamos dejando claro a todos nuestros socios que nada es más importante que usted, el cliente. Cada asociado sabe que su trabajo número uno es hacerle sonreír y ayudarle a resolver sus problemas de mejoras en el hogar, sin importar cuán grande o pequeña sea.

El verdadero juez de todos estos cambios que estamos haciendo es usted. Todo lo que pido es que por favor nos dé la oportunidad de volver a ganar su confianza. Cuando entre a nuestras tiendas, debe recibir un saludo personal. Después de eso, debe encontrar un miembro del personal útil que lo acompañará a buscar las herramientas, materiales o servicios que necesite. Si no lo hace, por favor háganoslo saber... así como lo hizo Scott Burns.

Quiero agradecer a Scott; su columna sobre nuestra empresa fue profunda y reveladora. Es fácil deducir que tocó una fibra sensible dentro de mí. Scott, haremos todo lo que esté a nuestro alcance para que *The Home Depot* sea la tienda que usted y su esposa, Carolyn, una vez consideraron como "su tienda". También quiero agradecer a las muchas personas que han publicado comentarios en este foro.

Los queremos. Los necesitamos... para poder seguir mejorando. Estamos comprometidos con ser la compañía que ayudó a establecer el estándar de excelencia en el servicio al cliente para mejoras en el hogar. Por favor, sigan llamándonos a cuentas.

Tienen mi garantía personal de que se hará todo lo posible para responder a sus inquietudes.

The *Home Depot* fue construido sobre un gran servicio al cliente y esperamos reconstruir su confianza en esa misma tradición. ¡Dennos la oportunidad!

Sin defensa, sin justificación, sin refracción ante la retroalimentación. Frank Blake hizo frente a la retroalimentación y, al hacerlo, mejoró en gran medida sus posibilidades de resolver el problema. Observa el estado de ánimo positivo que pudo generar al asumir responsabilidad. Mientras leías la carta del señor Blake, ¿no sentiste al menos algún tipo de impulso para darle a *The Home Depot* otra oportunidad?

Compara esto con la forma en que muchos de nosotros nos vemos tentados a manejar la retroalimentación y hacer frente a los obstáculos de la vida. Cuando aconsejo a empresarios, observo una diferencia significativa en este sentido entre los que siempre tienen dificultades y los que prosperan. Quienes progresan casi siempre están dispuestos a reconocer cómo contribuir a cualquiera de los resultados que están logrando, sean buenos o malos. Por ejemplo, cuando pregunto sobre los resultados a empresarios que están teniendo dificultades, estoy acostumbrado a oír el siguiente tipo de respuesta:

"Bueno, la economía ha estado muy lenta últimamente".

"Mis competidores son idiotas; deben estar perdiendo dinero con los precios que cobran".

"Los precios del combustible y los materiales me han matado".

"El mercado laboral es muy difícil".

"Mis empleados son unos incompetentes totales".

¿Reconoces este tipo de comentarios? Observa lo impotentes que parecen. Se centran en las fuerzas externas, algunas de las cuales pueden llegar a ser reales. Pero al concentrarse es ello, la gente se quita todo poder al profesar su incapacidad para asumir cualquier tipo de responsabilidad.

De hecho, el problema con este tipo de declaraciones que culpan a fuerzas externas, así sea cierto, es que no tienen en cuenta la elección o las capacidades individuales. En las sesiones de entrenamiento que realizo, hago preguntas acerca de por qué las personas no tienen lo que desean en la vida. Muy a menudo, las respuestas son similares a:

"Todos los hombres buenos están casados"

"Mi esposa es irracional"

"Mi esposo no confía en mí"

"Mi empleador no reconoce lo que aporto"

"Estoy haciendo lo mejor que puedo"

"No puedo confiar en nadie"

"Él/ella me hace sentir...".

Entiendes el panorama. Esta versión de vida se puede representar con el siguiente diagrama:

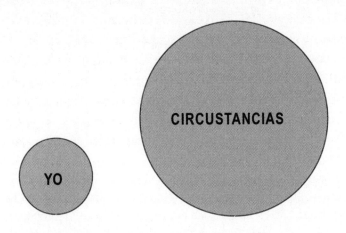

Cuando ves las circunstancias externas de la vida como si fueran todo poderosas y controladoras, entonces esta perspectiva te encamina hacia el fracaso y el bajo rendimiento. Tenemos toda clase de circunstancias disponibles para justificar, racionalizar o explicar y alejarnos. El problema con proceder de esta manera, una vez más, es que nos impide hacernos responsables por las decisiones que tomamos, las cuales impactaron esas circunstancias. Grandes vacíos suelen estropear las excusas que hacemos y, con frecuencia, son más convenientes que verdaderos.

He trabajado con muchas empresas de construcción en todo el país durante el reciente auge de la construcción y su posterior caída. Vi cómo muchas empresas respondieron a las circunstancias nacionales y locales, y ajustaron sus prácticas de negocio de forma consecuente, mientras que otras pusieron sus manos en el aire. Los de la segunda categoría, al verse como víctimas en toda esta crisis de vivienda, perdieron una serie de grandes oportunidades para aprender y adaptar sus empresas en la medida en que pudieran prepararse para (y prosperar en) el futuro. Estos empresarios culpaban en su mayoría a los medios de comunicación de alcance nacional. "Si los medios de comunicación nacional no estuvieran publicando todos los artículos negativos sobre el mercado de vivienda, no estaríamos en el lío en el que estamos", decían. Al parecer, pocos estaban dispuestos a asumir cualquier responsabilidad por el frenesí de construcción y las ventas de los inversores que causó estragos en el mercado, junto con las sombrías operaciones de financiación que cubrieron esos años de auge. Esas fueron todas las áreas que los constructores y compañías hipotecarias parecieron no abordar con celeridad y en las que tuvieron poco interés por aprender. Es mucho más fácil señalar con el dedo a otros factores ajenos a los que nosotros hemos aportado de forma directa.

Las personas promedio

Buscan razones.

Las personas exitosas

Se concentran en los resultados.

Hace poco, durante una disminución del 10% en el mercado local de la construcción, pude observar la disparidad entre clientes que seguían creciendo a pesar de la caída, y otros que se habían reducido hasta en un 40%. Adivina cuáles eran los más propensos a fijarse en el decrecimiento del mercado. Los que se estaban reduciendo, por supuesto, aunque el decrecimiento del 10%

en el mercado no explicara con claridad una caída del 40% en los ingresos de la compañía. Como también había trabajado con muchas de estas empresas durante el auge de la construcción, pude observar un patrón en su enfoque.

La mayoría de las empresas que estaban teniendo dificultades luchando durante la crisis de vivienda tampoco se habían capitalizado por completo durante los años de bonanza. En ese momento, el mercado laboral era muy reducido. Mientras que el desempleo nacional había disminuido a menos del 4%, muchos mercados locales estaban teniendo tasas de desempleo del 2,5% o menos. En esos momentos, las empresas que ahora se quejaban de que los medios nacionales arruinaban el mercado no habían logrado capitalizar el crecimiento anterior, debido a que "no había empleados disponibles". Observa que, sin importar la situación, siempre hay una razón por la cual no tienen éxito.

Les preguntaba a estos clientes si la fuente de sus problemas actuales era la crisis de la vivienda o su incapacidad para administrar y hacerse responsables por la crisis de la vivienda. La mayoría de ellos reconocían que la segunda opción era más veraz que la primera. Hace poco, mientras trabajaba con una persona que decía ser infeliz porque su esposo no confiaba en ella, le pregunté cómo había contribuido ella para que él no confiara en ella. Cuando hago estas preguntas, sé muy bien que hay fuerzas externas, como el esposo de esta dama, que posiblemente han tenido un impacto considerable. Sin embargo, también sé que cada uno de nosotros tiene mucho más control sobre nuestros resultados de lo que nos gusta pensar o ver. A medida que ella respondía a otras preguntas, se hizo evidente para los dos que ella había contribuido a la desconfianza en su matrimonio.

Cuando trabajo con los *über-exitosos*, veo que todo el tiempo se hacen responsables por sus circunstancias y ajustan sus comportamientos de manera consecuente. Así es cómo ellos ven sus vidas (compáralo con el diagrama anterior):

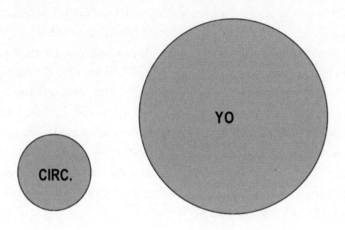

CAPÍTULO DIECISIETE

Responsabilizarnos de lo que aportamos a un resultado

Rendir cuentas es el proceso de llevar anotados las elecciones, comportamientos, pensamientos y acciones que crean, contribuyen o permiten que se den ciertos resultados. Para nosotros, es igual de importante responsabilizarnos de las contribuciones y comportamientos que conducen al éxito, así como de aquellas que llevan al fracaso.

Cuando negamos nuestra responsabilidad, nos etiquetamos como víctimas. Podemos ser víctimas de otras personas, de la economía, de nuestros empleadores, nuestros clientes, o cualquier otro factor o circunstancia externa. Las víctimas carecen de opciones, control u oportunidades para aprender, de tal forma que puedan progresar. Por mi experiencia, la mayoría de personas aman el ser víctimas. Esto los absuelve de responsabilidades, resultados y acciones, y los hace libres de culpa. Además, ser víctima puede generar simpatía, atención y lástima, lo cual, en realidad, son atractivas falsificaciones del amor genuino que la mayoría de humanos anhela. Son como paquetes de sacarina, no son azúcar de verdad, pero saben parecido.

También debemos recordar que la verdadera responsabilidad no es solo culparnos a nosotros mismos por los problemas. Cuando adquirimos el hábito de hacer esto, nos convertimos en víctimas de nosotros mismos, de nuestras debilidades, deficiencias de conocimiento o peculiaridades personales. Para rendir cuentas como debe ser, a menudo debemos retroceder en el tiempo y recordar qué sentimos, qué sabíamos, qué nos dijeron, las decisiones que tomamos, qué ignoramos, y cómo hicimos frente a los eventos después de que sucedieron.

Consideren la versión responsable de este constructor frente a lo que pasó en su empresa:

He estado en el negocio por quince años, así que ya antes he visto ciclos en la industria de la vivienda.

Durante el auge de la vivienda, fui codicioso y me extendí demasiado construyendo casas para vender. En mi interior, sabía que el mercado no podía sostener el crecimiento de ese momento, pero lo ignoré. También tenía inquietudes respecto a algunos inversionistas e incluso compradores que estaban adquiriendo las casas que yo construía, y cómo harían los pagos en un par de años. Con todo, decidí que ese no era mi problema. Cuando algunos mercados a nivel nacional comenzaron a declinar, supe que debía empezar a retroceder, pero lo ignoré, y me convencí a mí mismo diciendo que nuestro mercado local era diferente. Varios líderes de la industria y economistas también nos dijeron que redujéramos la construcción de casas para la venta, pero yo pensé que podría hacer unas cuantas más antes de la caída del mercado. Cuando el mercado comenzó a declinar, no hice el recorte de gastos hasta mucho después del momento apropiado. No he ajustado mi mercadeo según los cambios en los patrones de nuevos compradores de casas. No sé muy bien cómo vender en este nuevo ambiente.

¿Observas todas las oportunidades de aprendizaje y cambio que se expresan en la versión responsable? Por lo que he visto, la mayoría de nosotros tiene dificultades con la rendición de cuentas. Nos gusta absolvernos de nuestra contribución a los resultados, para así sentirnos mejor con nosotros mismos. Al final, ese comportamiento nos ayuda a progresar de la misma manera en que lo hace una cadena atada a una pelota.

Compare esto con una de mis propias historias de víctima:

Vivo en la ladera de una Montaña en Bountiful, Utah. Una mañana, al regresar de una cita, estacioné mi camioneta nueva en la entrada de mi garaje. Entré a la casa por un par de horas y, cuando salí de nuevo, quedé sorprendido al encontrar una gran roca en mi estacionamiento.

Quedé confundido mientras intentaba descifrar por qué alguien dejaría una roca en mi estacionamiento. Luego me percaté que había trozos de vidrio alrededor de la roca. ¿Quién dejaría caer una roca y rompería un vidrio en mi estacionamiento?, pensé (a veces soy un poco lento). Entonces miré hacia mi camioneta y noté la cabina abollada. ¿Quién dejaría caer una roca sobre mi camioneta y luego la empujaría a mi estacionamiento?, pensé. Luego miré hacia arriba de la colina por encima de mi casa, y noté un camino despejado a través de la nevada ladera.

Doscientas yardas arriba de la colina vi que una retroexcavadora estaba trabajando en la pared de retención de rocas de mi vecino y de repente pude juntar las piezas del rompecabezas. Soy bastante brillante cuando se trata de cosas que son obvias. Al parecer, algún idiota en la retroexcavadora decidió dejar rodar la roca, pensando que no iría muy lejos. El personal de retención y los paisajistas se echaban la culpa entre ellos. Incluso alguien dijo que la roca quizás había salido sola rodando por la colina. Qué fastidio. El propietario, mi vecino, finalmente tuvo que pagar los daños, porque nadie más iba a aceptar la responsabilidad. Tuve que pasar cuatro semanas sin camioneta mientras se hacían todos los arreglos.

Ahora, esa es una historia de víctima. Una roca de repente golpea mi carro mientras está estacionado en mi propio estacionamiento. Nos gusta contar la versión de víctima de cada historia. Incluso hemos aprendido a adornar los relatos para hacerlos peor, más graciosos, más tristes o cualquier otra emoción que queramos que la gente crea.

Déjame darte otra versión del mismo relato, la versión responsable:

Hacía cinco años, habíamos comprado el lote en el que construimos la casa. Mi primera observación cuando vi el lote tenía mucho que ver con lo difícil que sería construir una casa en una colina tan empinada. Me preguntaba si el deslizamiento de rocas o las avalanchas podrían ser elementos de riesgo significativos para quienes vivieran ahí, pero de todas formas compré el lote y construí la casa. Durante los cinco años anteriores, había tenido que quitar de mi estacionamiento rocas y pequeñas piedras que rodaban por la colina. Estoy muy al tanto de los efectos de la gravedad sobre las rocas y las colinas. Cuando llegué a casa ese día, estacioné el auto al lado de la pared que retiene las rocas, en el estacionamiento del lado que da hacia la colina. Me estacioné tan cerca que nadie podría entrar por la puerta del pasajero. Al bajarme, tuve el presentimiento de que no debía estacionarme ahí. Sin embargo, ahí dejé la camioneta estacionada, justificando que no estaría en la casa por mucho tiempo. Mi primera reacción al ver el problema fue: "Yo sabía que algo como esto iba a suceder". Resultó ser una oportunidad perfecta para conocer a mi nuevo vecino. "Brad, tengo una de tus rocas en mi estacionamiento". Esclarecimos todo y, por suerte, yo tenía otros carros que podía usar. Además de algunas lecciones, en realidad esto no tuvo mayor impacto negativo en mi vida. Es gracioso cómo funciona.

De las dos historias, la primera es más entretenida y sin duda me libra de toda culpa. También podría generar algo de simpatía y lastima en el que la escuche. Pero la segunda me brinda la oportunidad de aprender, confiar en mí mismo y conectarme con un nuevo vecino. Me permite resolver de forma proactiva potenciales problemas futuros. Y también le quita el drama al relato. El drama suele ser un indicador de que estás por escuchar una historia de víctima, contrario a una de responsabilidad.

A medida que aprendemos a responsabilizarnos, podemos empezar a construir mejores vidas rodeándonos de personas responsables. Pero esto solo puede empezar cuando nos apropiamos de nuestras contribuciones y damos pasos proactivos para resolver deficiencias. El hacerse responsable tiene un efecto contagioso, al igual que hacerse la víctima. Atraemos a nuestros entornos de trabajo y a nuestras relaciones a aquellas personas con quienes nos sentimos cómodos, y que se asemejan a nuestro nivel de responsabilidad.

Las personas promedio

Se concentran en lo que los demás tienen que cambiar.

Las personas exitosas

Se concentran en lo que ellos mismos deben cambiar.

Las primeras tres de las cinco leyes, visión, frecuencia y percepción, son componentes críticos de la cuarta, responsabilidad. Primero, debemos definir nuestra visión y luego establecer los resultados esperados. Si la visión y los resultados no están claramente definidos, entonces la probabilidad de ser responsable empieza a nublarse de inmediato. Nuestra visión se convierte en la base de aquello de lo que somos responsables. Nos preparamos para siempre tener un buen comienzo cuando nos hacemos responsables de alcanzar nuestra visión en las diferentes áreas de la vida. Debemos definir los resultados de nuestra visión de forma clara, cuantificable, y en términos medibles para que todas las partes involucradas puedan trabajar utilizando los mismos parámetros. Siempre que haya confusión con respecto a las expectativas o resultados, corremos el riesgo de crear una estructura de poca responsabilidad (si es que hay alguna). En caso de que surja un evento confuso, podemos pelear con respecto a lo que nosotros o los demás "debimos (debieron) haber sabido o asumido" y lo que realmente sucedió, o podemos depurarlo y avanzar redefiniendo las expectativas y los acuerdos.

Cuando establecemos una visión clara, podemos establecer los marcadores de distancia que indicarán si vamos por el camino correcto, para así poder acelerar nuestra frecuencia. También debemos considerar de antemano cómo manejaríamos la eventualidad de perder el rumbo. ¿Qué acciones específicas acordaremos tomar, y con qué frecuencia podemos medir y corregir la trayectoria? ¿Cuáles son los acuerdos que haremos entre nosotros en términos claros y cuantificables? ¿Cómo podemos estar seguros de que no estamos alterando (desviando) los resultados para sentirnos mejor con nosotros mismos a expensas de nuestra propia visión?

Por último, ¿cuáles son los canales que podemos usar para obtener una retroalimentación clara y específica sobre nuestro desempeño? ¿Cómo percibirán los demás si estamos o no en camino hacia cumplir nuestros objetivos? ¿Qué haremos con la retroalimentación que recibamos y cómo vamos a recibirla? ¿Cómo podemos asegurarnos de que todos podemos ver la misma retroalimentación, y que las personas no van a ver solo la retroalimentación que sustente lo que ellos quieren oír?

196

En los escenarios de grupo, la responsabilidad requiere acordar mediciones y plazos para que cada persona, y el grupo en su conjunto, puedan corregir el rumbo y determinar la efectividad. Cuando los miembros de un grupo entienden sus funciones en términos claros y cuantificables, pueden hacer maravillas colectivas.

CAPÍTULO DIECIOCHO

Reduce el arrastre

Las leyes de la aerodinámica rigen la facilidad con la que los objetos se mueven entre otras materias o sustancias. Aunque existen leyes que controlan el movimiento ascendente y descendente (peso y elevación), para esta discusión nos centraremos en el movimiento hacia adelante y hacia atrás. La cantidad de energía que ponemos en el movimiento hacia adelante se llama empuje. El arrastre o resistencia que un objeto encuentra ralentiza el movimiento de avance de un objeto y puede llevarlo a detenerse por completo. El movimiento hacia adelante (el éxito) se logra cuando una persona u organización tiene una mínima fricción y suficiente empuje. Eliminar la fricción reduce en gran medida la cantidad de empuje (o energía gastada) que un objeto, persona u organización requiere para impulsarse hacia adelante.

Las personas promedio

Se concentran en el empuje.

Las personas exitosas

Se concentran en reducir la fricción.

La falta de responsabilidad crea lo que, a mi parecer, es uno de los mayores comportamientos autodestructivos que existen: el arrastre. Cuando converses con otra persona, observa que, por lo general, se dan dos conversaciones. La primera conversación se compone de las palabras reales que se hablan. Esa la llamo la conversación primaria. La segunda conversación es la que ocurre dentro de las cabezas de los participantes. Esta conversación secundaria es mucho más influyente que la hablada, porque está impulsada principalmente por lo que vemos que la otra persona está pasando por alto o no nos está diciendo. Esto crea resistencia en nuestras relaciones con los demás, de forma similar a un barco con anclas colgando de los lados. Es difícil alcanzar algún tipo de velocidad productiva así se tengan los motores funcionando al máximo. La conversación secundaria es la conversación interna en la que llenamos vacíos con lo que sabemos o creemos saber de la otra persona y lo que está diciendo. Es también el lugar donde tomamos en cuenta lo que pensamos que otros no ven o saben.

Un sencillo ejemplo de esto es cuando hablas con un vendedor de automóviles. Observa la conversación no hablada que tienes en tu cabeza cuando el vendedor habla. Cuando él te dice que el auto que te está recomendando es el de mejor calidad de su clase, quizás en tu cabeza tengas una conversación que dice cosas como: "Por supuesto que diría eso; quiere venderme el auto; quiere hacer una comisión; está sesgado hacia esa marca ya que funciona para ellos". A pesar de que esa conversación nunca se expresa en palabras, contiene mucho más que la que se está hablando. Lo peor es que, mientras tenemos todos esos pensamientos en la conversación secundaria, para la mayoría de nosotros la conversación primaria suena más como, "¡vaya!; interesante; eso es genial". Observa cómo esas afirmaciones no se alinean con lo que estamos pensando.

Tengo un amigo que siempre está en la búsqueda del siguiente plan para hacerse rico rápidamente. Él no lo ve de esa manera, por supuesto. Pero cada vez que nos encontramos, quiere involucrarme en su proyecto o idea actual. Por lo general, trata de involucrarme de forma pasiva, hablando de lo que está haciendo y esperando que yo quiera unirme. Yo suelo decirle que suena interesante y lo animo a que me haga saber cómo resulta. Ya estoy bastante seguro de cómo va a resultar todo, pero no quiero expresarlo. Tal vez algún día me sorprenda y sí se vuelva rico siguiendo alguno de sus planes, pero estoy predispuesto, gracias a la experiencia, a quitarle importancia a lo que dice. Cuando el trato sale mal o él pierde interés, siempre está listo para relatar una historia animada acerca de cómo sus socios lo habían perjudicado o cualquiera quien pueda culpar. Su falta de voluntad para asumir responsabilidad sobre cualquiera de estos fracasos arrastra aún más nuestra relación, ampliando la brecha entre nosotros y asegurando la existencia de una conversación secundaria de distracción.

Estas conversaciones secundarias son asesinas. Cuanto más amplia sea la brecha entre lo que otros piensan y dicen, más frustrante parecerá la vida. Estoy seguro de que mi amigo piensa que estoy justo a punto de invertir con él a pesar de que nunca se lo he sugerido. La verdad es que yo descartaría de inmediato cualquier cosa que él dijera debido a nuestra historia y a lo que, a mi parecer, es completa falta de responsabilidad y voluntad para aprender. Él ha creado esos mismos vacíos que separan a los verdaderos exitosos de los "aspirantes" a exitosos. El rendir cuentas es la mejor herramienta que conozco para crear puentes entre los vacíos que hay entre nuestras conversaciones primarias y las secundarias.

Si mi amigo se acercara a mí y comenzara la conversación desde una perspectiva responsable, sin duda esto comenzaría a reducir el arrastre en nuestra relación. Cuando siento que él no ve lo que yo veo, entonces no me siento inclinado a confiar en el resto de lo que dice. La conversación podría comenzar de esta manera: "¡Vaya!, sé que me he metido en algunos malos negocios, porque siempre estoy buscando el camino rápido. Sin embargo, estoy aprendiendo, y quiero probar algo diferente. No quiero seguir cometiendo los mismos errores, ¿podría consultar algo contigo para que me des tu opinión al respecto?" ¿Ves la diferencia? Cuando sentimos que alguien está viendo sus errores y aprendiendo de ellos, tenemos más probabilidades de estar abiertos a escucharlos de forma directa y confiar en la conversación primaria.

Cuando abordamos de frente aquellos elementos que sospechamos pueden existir en la conversación secundaria, puede surgir una conversación interesante y mucho más poderosa. Esto reduce o elimina la conversación secundaria por completo. Vuelve al ejemplo del vendedor de automóviles que usé antes. Observa lo que ocurre con la conversación secundaria si el vendedor comienza la conversación con una frase como esta: "Quiero hacer una venta y quiero la comisión de la venta, y trabajo para Ford, así que estoy sesgado y sé mucho sobre automóviles. Escogí trabajar para Ford porque creo que hacen los mejores automóviles del planeta". Observa lo que ocurre cuando las piezas de la conversación secundaria se introducen a la conversación primaria. ¿No hay otro sentimiento cuando se sabe que la otra persona ve sus propios prejuicios? ¿Te ves más inclinado a ser persuadido con esa conversación en lugar de una en la que no se incluyan esos prejuicios en la conversación primaria?

Hace poco, otro amigo mío ingresó a trabajar para una gran empresa de software. El sector de software en que estaba vendiendo era nuevo para él y tuvo dificultades para ajustarse. Además, su nuevo vicepresidente había dividido su territorio y reducido el número de clientes potenciales a un 70%. Después de nueve meses difíciles, mi amigo tuvo su primer examen con ese nuevo vicepresidente. Fue algo como lo siguiente:

VP: Tus números son terribles.

Mi amigo: Lo sé.

VP: ¿Cuál es el problema?

Mi amigo: No he cerrado suficientes ventas.

VP: Sí, lo sé... ¿por qué?

Lo que mi amigo quería decir: "Bueno, ¡estoy vendiendo en un nuevo sector de software y justo cuando estaba haciendo algunos progresos, tú entraste en escena, lo cual dividió mi territorio y ahora no tengo nada con que trabajar!".

Lo que mi amigo en realidad dijo: "Al final del día, mis números no están donde deben estar y me ha llevado más tiempo adaptarme a los ajustes de territorio de lo que esperaba".

VP: ¿Estás molesto por la realineación del territorio?

Mi amigo: Entiendo que las empresas deben hacer ajustes en los territorios a medida que crecen y creo que mi próximo trimestre mostrará que yo también me he ajustado.

VP: Ya veo. ¿Qué hacemos ahora?

Mi amigo: Si puedes acompañarme a unas reuniones con mis tres mejores ofertas, creo que podemos cerrarlas antes de que finalice el año.

Como mi amigo estaba dispuesto a rendir cuentas, su vicepresidente estuvo más que dispuesto a ayudarle con sus principales ofertas. Al final, él logró cerrar esas tres ofertas, terminó el año con fuerza y, cuatro años más tarde, todavía sigue disfrutando de un gran éxito con esta empresa.

Si bien era cierto que los ajustes territoriales probablemente habían tenido un impacto negativo en el rendimiento de mi amigo, también era cierto que no tenía mucho que ganar al concentrarse en esa circunstancia. Al responsabilizarse de su incapacidad para producir resultados a pesar de las circunstancias, pudo encontrar con rapidez otras soluciones y métodos para corregir los resultados. También pudo ganar la aceptación de los que le rodeaban en lugar de alejarlos con razones y excusas.

CAPÍTULO DIECINUEVE

Tres herramientas para reducir la conversación secundaria con otras personas por medio de la responsabilidad

Herramienta 1: Verbaliza lo que estás aprendiendo, viendo o sintiendo.

Si no verbalizamos o revelamos lo que estamos aprendiendo y viviendo con regularidad, los otros harán sus propias suposiciones acerca de nosotros. Creamos confianza cuando nos expresamos con sinceridad y estamos dispuestos a respaldar lo que decimos, demostrando que sí hemos aprendido y que nos comprometemos a cambiar. Pero si nos expresamos con falsedad, nos descubrirán a tiempo y estaremos fomentando las conversaciones secundarias sobre nosotros como: "él/ella solo habla y nada más". Cuando expresamos que hemos aprendido algo, damos a conocer a los demás que estamos cambiando nuestro comportamiento según lo que hemos aprendido. Y nos observarán para ver si de verdad cumpliremos.

Hace varios años, asistí a un entrenamiento diseñado en torno a los procesos de experiencia. Como grupo, debíamos participar en diferentes ejercicios, juegos y actividades con las que examinaríamos a fondo lo que ocurría. Resulta que mi predisposición fue la de asumir el papel de líder en varias de las actividades. Era abierto y siempre me aseguraba que el grupo escuchara mis puntos de vista. Me sentí frustrado con algunas personas del grupo y no tardé en identificar quiénes eran los que, a mi parecer, eran inteligentes y a quienes valía la pena escuchar. En gran medida, participé en el grupo de la misma manera que participo en la vida. Poco después, comencé a notar algunos de mis patrones específicos de comportamiento, y el grupo también los notó. Algunos miembros del grupo se sentían cómodos con mi estilo y habilidades de liderazgo. Sin embargo, la mayoría estaban preparados para aportar comentarios menos favorecedores. Al recapitular las actividades, en varias ocasiones, escuché retroalimentación mediante comentarios que decían que soy arrogante, cerrado, inaccesible, intimidante y que me creía más inteligente que los demás. Eso me molestó y, al principio, no hice caso de ello, porque las personas de ese grupo apenas me conocían (lo cual, a su vez, fue una respuesta bastante cerrada y arrogante).

Al tercer día de ese entrenamiento de cuatro días, estaba notando que tenía verdaderos problemas de comportamiento y en la forma como los demás me percibían. Me estaba viendo desde la perspectiva de las demás personas (ley de la percepción). También veía cómo mis conductas probablemente afectaban a mi esposa, mis hijos y mi trabajo. En un principio quise explicarlo, racionalizando que, si no me entendían, era un problema de ellos. Pero comencé a ver un problema más de fondo, el hecho de que estos mismos comportamientos me impedían alcanzar lo que quería de la vida y mis relaciones. Me mantenían alejado de ver realizada mi visión. Después de aclarar conmigo mismo cómo me veían los demás, pude asumir responsabilidad de mis acciones. Qué sensación más liberadora.

Al regresar a mi oficina después de ese entrenamiento, decidí asumir un método diferente al que antes había practicado. Convoqué a una reunión de empresa con todos mis empleados. Mi método normal habría sido hablarles de todos los excelentes lugares hacia los que nos dirigíamos como empresa y darles un discurso animante pero molesto. Y ellos habrían tenido todo tipo de conversaciones secundarias sobre mi optimismo, arrogancia y prepotencia. Todos habrían salido de la reunión siendo solidarios con sus palabras y, al mismo tiempo, desconectados de sus emociones. En lugar de eso, empecé por expresar lo que había aprendido durante los últimos cuatro días. Dije: "He aprendido que se me toma por alguien arrogante e inaccesible. También aprendí que hago que los demás piensen que soy más listo que ellos. Además, entendí que mi optimismo se interpone en mi propio camino y que por esa razón los demás me perciben como alguien que no puede ver los problemas. Es probable que no siempre vea estos problemas y eso es un problema en sí. Por la forma como respondo ante ellos, creo un ambiente inseguro para afrontarlos. He estado distante y desconectado. Y todo eso cambia ahora. Me propongo a ser un mejor oyente. Quiero que la gente se sienta segura cuando hable de temas e ideas conmigo. He estado haciendo las cosas al revés durante mucho tiempo. Sé que no será fácil para mí, pero prometo esforzarme. Tienen mi permiso para llamarme la atención si sienten que estoy siendo arrogante o inaccesible. Díganme qué he pasado por alto".

Las personas promedio

Ven las percepciones de los otros como un problema de ellos.

Las personas exitosas

Ven las percepciones de los otros como un problema propio.

Dicho esto, me senté y escuché. Me sentí de maravilla. Durante los siguientes tres meses, mi pequeña empresa pasó de tener siete empleados a 65. Mis empleados duplicaron o triplicaron su productividad. Mi nivel de estrés bajó mucho. Esa reunión fue un momento decisivo para mi empresa y mi vida. También tuve conversaciones similares con mi esposa y mis hijos. Al aprender a hacerme responsable de mi comportamiento y de cómo hacía sentir a los demás, sin sentirme obligado a defender o justificar este mismo comportamiento, descubrí una sensación de renovación de poder y control sobre mi vida. Por las acciones de los demás, pude decir que me escuchaban y entendían, por esta razón tuve mucha más influencia sobre mi gente. Aunque no necesitaba convertirme en otra persona, sí debía cambiar la forma en la que asumía la responsabilidad por mis propias acciones, cuando contribuía a que los demás sintieran que no los escuchaba o apreciaba. Y como tenía parte de culpa por estos sentimientos, apostaría una buena suma de dinero en afirmar que, para los demás, fue más fácil responsabilizarse de su propia culpa.

Herramienta 2: Poseer y renunciar

Como pasamos años desarrollando ciertos comportamientos y formas de interactuar con los demás, puede ser retador hacer cambios. Sin embargo, hay una herramienta que puede facilitar la reducción de las conversaciones secundarias casi de inmediato. Se llama renuncia. Renunciar significa informar a los demás que somos conscientes de nuestros retos de comportamiento y que nos responsabilizamos por ellos. Esto, a su vez, tendrá un impacto en la manera como ellos lo asumen. Como lo he mencionado, algunos de mis rasgos de personalidad incluyen ser optimista, controlador y analítico. Aunque cada uno de estos rasgos puede ser considerado una fortaleza, tienden a ponerse en mi camino y también a interferir con mis relaciones.

Siendo ese el caso, podría comenzar conversaciones con mis compañeros de trabajo de la siguiente manera: "Para que todos veamos las cosas desde la misma perspectiva, yo soy un optimista. He intentado tener eso en cuenta al trabajar con estas cifras, pero sé que soy un optimista". Luego puedo proceder a delinear lo que sea que esté presentando. La gente suele responder diciendo: "creo que estos números son bastante realistas", indicándome que no consideran que haya sido demasiado optimista. Si quiero que alguien haga algo a mi manera, puedo decir: "Sé que quizás estoy siendo un controlador compulsivo, pero me gustaría que lo hicieras a mi manera en esta ocasión". Hasta una declaración como esa puede contribuir en gran medida a desatar la conversación secundaria sobre mí como un controlador compulsivo. Podemos usar las mismas aclaraciones cuando se trata de pesimismo, enojo, humor, seriedad, pasión, el ser aburrido, ruidoso o callado. Lo que quieras. De alguna forma, esto reafirma a los demás cuando saben que ves lo que ellos ven y que estás esforzándote por dar razón de ello. En cuanto a ti, esto hace que seas consciente de tus prejuicios y puede ayudarte a ser más abierto a otros puntos de vista. Pon el tema sobre la mesa en vez de permitir que se agrave como un juicio silencioso en la cabeza de todos.

A veces, una aclaración puede solo implicar el reconocimiento de un prejuicio o un propósito que puedas tener. Si eres vendedor, ¿tienes prejuicios o un propósito sujeto a la venta? Claro que sí. Prefieres hacer una venta si puedes elegir. Por este motivo, si aclaras un prejuicio o un propósito, puedes silenciar las conversaciones secundarias. Al hacer una llamada de ventas, podrías decir: "Ahora, claro está, me gustaría mucho realizar la venta hoy y esa es una de las razones por las que estoy insistiendo. También me gustaría mucho que usted entendiera los beneficios de lo que le ofrezco". El estar sesgado, puede ser algo tan profundo como una creencia religiosa o moral, o algo tan pequeño como preferir un color. Al reconocer los propios prejuicios, el campo de juego de la conversación se nivela y te da mayor influencia. La mayoría de las veces, las personas que conversan contigo ya conocen tus prejuicios. Por desgracia, si no lo haces por ellos desde un comienzo, entonces reconocerán aquellos prejuicios que creen que tú no ves al restarle importancia o ajustar todo lo que digas.

Tengo dos amigos con los que siempre tuve fuertes conversaciones secundarias cuando hablábamos. Sus perspectivas religiosas son polos opuestos. Uno es un cristiano muy conservador, mientras que el otro se adhiere con firmeza a las filosofías de la Nueva Era. Me encuentro filtrando todo lo que dicen a través de lo que sé sobre sus creencias religiosas. Pero después de participar en una discusión con los dos, vi que ambos habían reconocido el poder que sus prejuicios tenían sobre la manera como los demás los veían. Ninguno de ellos ha cambiado su visión, pero suelen empezar sus conversaciones con, "bien, sé que soy muy conservador..." y "bien, sé que puedo parecer bastante extraño por mis visiones espirituales..." Es gracioso saber cuán abiertas pueden ser las personas contigo si saben que puedes ver tus prejuicios.

Herramienta 3: Acepta las declaraciones no alineadas

Para nosotros es importante no olvidar que el rendir cuentas a menudo se puede perder tan pronto como lo establecemos y pasamos a una declaración descalificadora. He notado que muchos de nosotros aprendemos a hablar desde un punto de vista de responsabilidad porque es menos confrontador. Por lo general, hacemos una declaración desde un punto de vista responsable y luego lo invertimos sobre la otra persona o circunstancia. La palabra más común que niega por completo el rendir cuentas es "pero". "Siento mucho el presionar tanto, pero sin duda eres muy sensible", o "sé que soy optimista, pero tú tienes la capacidad de quitarle el ánimo a cualquiera". Cualquier cosa que digas después del "pero" niega la responsabilidad. Además, pone a la otra persona a la defensiva, porque polariza las emociones y sentimientos. La palabra no permite tener los complejos sentimientos que solemos tener y fuerza a los demás a estar de acuerdo o en desacuerdo con nosotros.

Cuando usamos "pero" no solo rebajamos la responsabilidad, sino que también enviamos toda clase de señales de alarma a la persona con la que nos estamos comunicando. "Pero" traduce de inmediato la primera parte de la declaración como deshonesta. Solemos utilizar la palabra "pero" porque pensamos que dos cosas son mutuamente exclusivas. Todos estamos acostumbrados a experimentar emociones dobles. Podemos preocuparnos por nuestros malos resultados de trabajo y, al mismo tiempo, ser optimistas. Podemos estar enfadados y frustrados, y, al mismo tiempo, ser cariñosos y cuidadosos. Podemos estar contentos y escépticos, todo al mismo tiempo. Sí podemos. El problema surge cuando enmarcamos estas dualidades con la palabra "pero", porque esto descalifica de inmediato una de ellas. Y, por lo general, la palabra que se descalifica es aquella por la que los oyentes quisieran escuchar una justificación. Alguien que intenta ser persuasivo tiene menos probabilidades de decir: "creo que mis altas proyecciones son realistas, pero soy optimista", en contraste con, "sé que soy un optimista, pero creo que mis altas previsiones son realistas".

La solución es sencilla: cambia la palabra "pero" por la palabra "y". Con esto no se descarta ninguna parte de la declaración. "Te amo y estoy muy frustrado contigo ahora mismo". "Sé que soy un optimista y creo que estas altas previsiones son realistas". Observa cómo usar "y" no disminuye o reduce la declaración de responsabilidad. Ten presente también que permite tener sentimientos complejos o contradictorios sin desestimar ninguno de ellos.

Al hacernos responsables de nuestros propios sentimientos y prejuicios, y reconocer nuestras tendencias de predisposición, también podemos justificar de una mejor manera cómo los demás llegan a sus conclusiones. Nuestra propia habilidad en sí misma de rendir cuentas sobre nuestros errores se convierte en la base subyacente de la responsabilidad. Muchos estamos dispuestos a asumir que algo es un hecho sin tener en cuenta cómo llegamos a esos hechos. El simple proceso de explicar cómo llegamos a determinadas conclusiones nos da espacio para explorar perspectivas y posibilidades alternas. En lugar de solo decir que considero que mis ideologías políticas son acertadas, tengo una perspectiva un tanto distinta cuando explico cómo llegue a mi inclinación política. "Mis padres me criaron con perspectivas políticas conservadoras (liberales, moderadas), las cuales he adaptado con el paso del tiempo a mi posición política actual". Esto, por naturaleza, crea algo de tolerancia entre quienes aprendieron de política con sus padres y llegaron a conclusiones distintas a las mías. Esto quita mi perspectiva política de la categoría de hechos y la pone en una categoría distinta que permite que los demás lleguen a sus propias conclusiones sin disminuir mis apasionadas creencias.

Por último, rendir cuentas es una coyuntura primordial para el aprendizaje. Si culpamos o nos concentramos en algo externo a nosotros, no hay nada que aprender. Incluso cuando nos culpamos a nosotros mismos no aprendemos nada. Pero cuando estamos dispuestos a mirar de manera objetiva los procesos, las creencias y decisiones que nos han conducido hacia un éxito o un fracaso específico, nos abrimos a un sinnúmero de oportunidades para aprender e, inevitablemente, triunfar.

Cómo aplicar la ley de responsabilidad

Estas preguntas pueden aclarar áreas donde puedes aplicar mejor la ley de responsabilidad en situaciones donde tus resultados son menos que óptimos:

¿Qué aporté al resultado? Recuerda que no contribuir también puede ser una contribución que conlleva a un resultado. Así mismo, desempeñar un papel mínimo o uno muy grande podría contribuir a un resultado.

¿Qué creo que ignoré o que no se lo dije a nadie?

¿Tenía claridad sobre los resultados esperados? ¿Hice preguntas aclaratorias o hice suposiciones? ¿Me comuniqué claramente con los demás?

¿Ignoré información a lo largo del camino que indicaba un resultado eventual?

¿Cómo manejé el resultado?

¿Qué he aprendido? y *¿qué puedo hacer diferente la próxima vez para que este resultado no se repita?* Ten cuidado con esta pregunta. Si tu respuesta es: "aprendí que no puedo confiar en que otra persona hará las cosas" o "aprendí quiénes son mis verdaderos amigos", entonces no estas siendo responsable. Ten en cuenta cómo estas afirmaciones culpan a otros y en realidad no proporcionan ninguna idea útil sobre cómo puedes hacer algo diferente. Mira estas declaraciones de aprendizaje en lugar de las anteriores: "Aprendí que no he inspirado a los demás para que den su 100%"

Brett Harward

o "sobreestimé el aprecio que he construido con mis amistades".
¿Puedes ver la diferencia entre esas dos declaraciones y las anteriores? El aprendizaje significa que no solo has identificado lo que no funciona, sino que también has identificado al menos una ruta de acción que podría funcionar mejor.

Cuando obtenemos un resultado que queríamos o esperábamos, entonces podemos hacer las siguientes preguntas:

¿Cuál fue mi aporte para este resultado de trabajo?

¿Qué aprendí de modo que pueda seguir practicando ese comportamiento en el futuro?

¿Cómo puedo hacerlo mejor la próxima vez?

Una vez más, la responsabilidad es una manera de ser. Al principio, requiere práctica y la activamos o desactivamos a medida que tomamos conciencia de las oportunidades para ser responsables. Con el tiempo, pasa a ser parte de lo que somos. A medida que rindamos cuentas, descubriremos que las personas alrededor de nosotros también comienzan a ser responsables. Estar rodeado de personas responsables nos impulsa a ser más responsables.

Desafío: Toma un evento o experiencia que hayas tenido y que hasta hoy hayas sentido que estuvo completamente fuera de tu control. Observa el relato que has creado en torno a ese evento. Vuelve a narrarte la historia sin ninguna culpa, incluso sin culparte a ti mismo. Comienza con las decisiones que tomaste antes de y después de ese evento. Incluye las decisiones que otros hayan tomado, pero no le asignes a nadie ninguna suposición respecto a esas decisiones. Termina la historia encontrando al menos dos cosas que podrías aprender de la experiencia (que sean acerca de ti y no sobre otros).

214

LA QUINTA LEY

LA LEY
DEL LIDERAZGO

CAPÍTULO VEINTE

La ley del liderazgo (aprovecha el CI de los demás)

El verdadero liderazgo es el proceso de potenciar a las personas que nos rodean para crear el máximo valor. Cuando hemos aplicado las primeras cuatro leyes (visión, frecuencia, percepción y responsabilidad), entonces la ley del liderazgo se encarga de determinar cuán lejos y cuán alto podemos llegar. Desde mi perspectiva, el liderazgo se refiere a la capacidad de tomar a personas comunes y transformarlas en un grupo brillante. Los grupos brillantes sobresalen cuando se suman a una conciencia colectiva más amplia. Esto es diferente de un simple conglomerado de personas brillantes y responsables de esforzarse con el liderazgo. En este libro, un buen liderazgo tiene dos atributos importantes: suma y diversificación. La suma se refiere al proceso de escuchar y llegar a ser más inteligente gracias a las ideas del grupo. La diversificación implica expandir conscientemente al grupo con amplias y diversas perspectivas, experiencias y métodos, en lugar de crear grupos homogéneos.

En 1860, un abogado poco y conocido nada sofisticado de Springfield, Illinois, decidió postularse para la presidencia de los Estados Unidos. En varias ocasiones, había dirigido la oficina pública nacional, pero había sido elegido únicamente para un período de dos años en el congreso de los EE.UU. Además, el Partido Republicano solo había surgido cuatro años atrás a partir de los restos del partido Whig y todavía estaba organizando su liderazgo. En ese momento, el país se encontraba en confusión, con varios estados del sur amenazado con separarse de la Unión.

Abraham Lincoln sentía que podía unir al país. Ese año hubo otros tres candidatos más fuertes que buscaban la nominación, incluyendo William Seward, un prominente senador del estado de Nueva York, junto con Edward Bates y Salmon P. Chase, los gobernadores populares de Missouri y Ohio, respectivamente. Aunque la Convención Republicana de 1860 se realizó en Illinois, aun así, Lincoln luchó para ganar votos hasta en su estado natal. Dado que los otros candidatos eran muy fuertes, dividieron la primera votación sin que nadie obtuviera la mayoría requerida. Lincoln ganó en la segunda votación, porque ninguno de los seguidores de los tres candidatos más fuertes quería apoyar a otro de los candidatos fuertes.

Después del sorprendente revés, Lincoln batalló para ganar el apoyo de los candidatos derrotados. Ellos lo habían considerado como alguien sin oportunidades para ganar, y parecían más que dispuestos a continuar con los comentarios denigrantes. De acuerdo con los biógrafos de Lincoln, Nicolay y Hay, Chase, en particular, no podía abrir la boca o tomar un bolígrafo sin "hablar con desprecio del presidente".

Las elecciones nacionales vieron a Lincoln competir contra el candidato demócrata, Stephen A. Douglas. Después de un largo y amargo ciclo electoral, Abraham Lincoln terminó ganado con un 32%, la más baja pluralidad de la historia. Tenía un apoyo minoritario de los que votaron por él, y una firme oposición del 68% de quienes habían votado en su contra. Se podría decir que ese fue uno de los escenarios electorales más difíciles en la historia de los Estados Unidos. Lo que sucedió después es lo que define a Lincoln como un verdadero líder.

La primera tarea de Lincoln como presidente electo fue ensamblar su gabinete. Para ese momento, era habitual, como lo es ahora, darle posiciones claves a aquellos que fueron fundamentales en su elección. Lincoln no les había hecho esas promesas a sus partidarios. Por el contrario, comenzó con sus tres rivales de nominación y les ofreció puestos claves en su gabinete. Para Bates, Seward y Chase, estos cargos representaban enormes pasos hacia atrás en relación con sus posiciones políticas actuales, y todos demostraron su falta de respeto por Lincoln al rechazar de inmediato su propuesta. Sin embargo, Lincoln procedió a cortejarlos con su método único de liderazgo. Cuando sus oponentes y adversarios le dijeron que no concordaban con sus políticas, Lincoln respondió que esa era la razón precisa por la cual los quería como consejeros. Él buscaba a quienes podían ver las cosas de forma distinta que él.

Luego, Lincoln se acercó a los pasillos del liderazgo demócrata y les ofreció posiciones como asesores y miembros del gabinete. Años antes, Lincoln había sido contratado como abogado en un caso antimonopolio en Ohio. Ese fue un caso colosal, la cúspide de su carrera legal. Poco después de la contratación de Lincoln, otro abogado fue incorporado al caso. Su nombre era Edwin Stanton, y era tan brillante como engreído. Él también propició el rápido despido de Lincoln al negarse a trabajar con alguien a quien se denominó "un abogado rústico y de tercera categoría". A pesar de esa humillación, la cual en su momento sumió a Lincoln en una profunda depresión, Lincoln le ofreció la destacada y fundamental posición de Secretario de Guerra a nada menos que a Edwin Stanton, quien, por supuesto, la rechazó.

Mediante los insistentes esfuerzos de Lincoln, cada uno de estos rivales llegó a acceder y a unirse al gabinete de Lincoln. Todos ellos eran francos y Lincoln no hacía mucho por controlarlos. En lugar de eso, él disfrutaba de los diferentes puntos de vista que cada uno aportaba y, con regularidad, buscaba sus aportes y consejos en decisiones tanto grandes como pequeñas.

Un relato que pone en perspectiva el estilo de liderazgo de Lincoln tuvo que ver con una apropiación del Departamento de Guerra, la cual Lincoln había aprobado. Cuando un representante se dirigió a Stanton para recaudar los fondos, Stanton, quien pensaba que la apropiación estaba mal concebida, la rechazó. Cuando le dijeron que Lincoln había firmado personalmente la apropiación, Stanton respondió que Lincoln era un "idiota" por aprobar la apropiación y rechazó la financiación. El solicitante volvió con Lincoln, esperando obtener la exigencia para la apropiación aprobada. Lincoln, quien estaba confundido porque Stanton se había rehusado a pagar, le pidió al caballero que le dijera lo que Stanton había dicho. "Stanton dijo que usted es un idiota", respondió el hombre, esperando endurecer la determinación de Lincoln. "¿Exactamente fue eso lo que dijo? Preguntó Lincoln. Después de oír la afirmación del hombre, Lincoln respondió, "Edwin Stanton es el hombre más inteligente que conozco. Si él dijo que soy un idiota, entonces probablemente lo sea. Necesito reconsiderar esta apropiación".

¡Qué líder! ¿Puedes imaginar al Presidente de los Estados Unidos siendo tan abierto a aprender de sus asesores? La disposición de Lincoln para escuchar todas las partes e incorporar esas opiniones dentro de sus decisiones no ha jugado un papel pequeño en asegurar la percepción popular de Lincoln como quizás el más grande presidente que los Estados Unidos alguna vez hayan visto. Él no logró su éxito por medio del intelecto, aunque era muy inteligente, sino que logró agregar diversos puntos de vista y ganar percepciones según una variedad de opiniones. Esto no caracterizaba a Lincoln como débil o indeciso. Muchas veces él tomaba decisiones que iban en contra de lo que sus asesores habían recomendado enfáticamente. Sin embargo, con frecuencia moldeaba sus ideas con el aporte de aquellos que respetaba, porque veían las cosas de otra forma.

Las personas promedio

Se rodean a sí mismas de personas con habilidades e inclinaciones afines.

Las personas exitosas

Se rodean de diversidad y visiones opuestas.

El liderazgo consiste en agregar CI. Consiste en potenciar a las personas que nos rodean para tomar de forma más inteligente nuestras propias decisiones y, al mismo tiempo, obtener "aceptación" por parte de quienes han contribuido al proceso, incluso si la decisión final no los favorece. Lincoln no solo hizo esto, también pudo ejercitar y dominar el elemento más poderoso del liderazgo: escuchar.

Escuchar, en lugar de solo oír, suele usarse de dos formas diferentes. La primera es escuchar con la intención de refutar, y es quizás uno de los enfoques más comunes. Cada vez que detecto que estoy escuchando de esta manera, apenas escucho o entiendo el punto de vista del que habla, porque estoy muy preocupado por formular mi próxima respuesta para cuando esa persona deje de hablar. Esta manera de escuchar y liderazgo inevitablemente genera decisiones mediocres, resentimiento y falta de aceptación de quienes te rodean.

La segunda forma más efectiva de escuchar se hace con la intención de ser influenciado. Cuando se escucha de esta forma, estamos buscando con sinceridad el punto de vista de la otra persona. En realidad, no queremos oír algo que cambie la manera como nos vemos o nos sentimos con respecto a un asunto. Como Lincoln lo entendió, si pudiésemos aprender a ver o sentir las cosas de manera diferente, entonces probablemente podríamos tomar decisiones con mejor información. Con frecuencia, podemos incorporar la perspectiva de otra persona para así no obtener únicamente todo lo que queremos, sino también atender a las preocupaciones del otro.

Los grandes líderes buscan más allá de sus grupos. Usando la política como ejemplo, existe una gran diferencia entre líderes políticos que logran polarizar un partido y los líderes que buscan más allá de su propio partido e incorporan la perspectiva, los talentos y las soluciones de puntos de vista diversos y opuestos. Una cosa es predicarle al coro, emocionar a tus empleados, convencer a los consumidores actuales que su decisión de compra fue buena o involucrar a su cónyuge o hijos en algo. Pero eso conlleva un nivel del liderazgo mucho mayor, sin restarle la importancia que tiene traer a bordo a quienes tienen tus mismas creencias. Tener a quienes ya tienen una visión similar a la tuya no genera tanto impacto, ya que, después de todo, ellos ya están de acuerdo. La transformación en la vida, los negocios y las relaciones ocurre cuando logras que quienes no lo vieron o no lo ven como tú lo ves se acoplen a tu visión. Esto a veces significa expandir tu visión.

CAPÍTULO VEINTIUNO

El dilema humano

Al trabajar con personas de diversos trasfondos he notado algo interesante. En un entorno de grupo, la mayoría tiende a verse a sí mismo como más inteligente y más perspicaz que quienes los rodean. Los empresarios se ven a sí mismos como los más inteligentes de su grupo, después de todo, ellos son los dueños. Sin embargo, cuando entrevisto a otros miembros del equipo directivo, la mayoría se siente igual con relación a su inteligencia y habilidades, y sienten que ellos entienden gran parte de los asuntos que el dueño no comprende. La primera pregunta que les hago a los empleados en las entrevistas es siempre la misma: "Si tú fueses el dueño de esta compañía, ¿qué cambiarias o harías diferente?" Con esto se presenta un fenómeno en el que todos en la organización, todos hasta llegar al conserje, ven sus propias soluciones e ideas como si garantizaran en absoluto que funcionan mejor.

Veo que sucede lo mismo con parejas y amigos, así como entre padres e hijos. Ambas partes creen que tienen una visión extraordinaria de la que la otra parte carece. Ilustraré este punto utilizando círculos para representar a nuestro propio "CI" (Coeficiente Intelectual). En esta sección, utilizaré el término "CI" con libertad para referirme a la consolidación de nuestra inteligencia, capacidades, habilidades, talentos, perspicacia, experiencias, conocimiento y sabiduría, el total de lo que podemos contribuir en la vida. Asignaré un número similar a la escala tradicional de CI para ilustrar cómo solemos vernos a nosotros mismos en relación con los demás. A la mayoría, nos gustan los estudiantes de secundaria de la sección 3, nos vemos como si fuéramos más inteligentes que quienes nos rodean. En este caso, el alto número de 130 te representará a ti (con el círculo más grande), mientras que a los otros se les asignaran los números 110 y 90 respectivamente, simbolizando a aquellas personas que sabes que son relativamente inteligentes (110) y (90) para quienes consideras no muy inteligentes en lo absoluto.

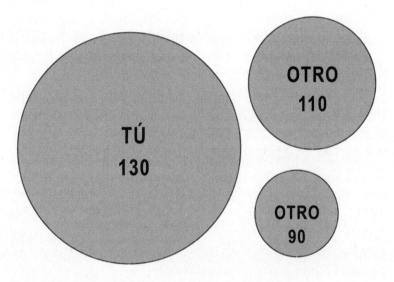

En este caso, nuestra valoración de las habilidades de todos, incluidas las tuyas propias, no son tan significativas para nuestros temas de liderazgo como la forma en que vemos la combinación de los círculos. Compara los círculos representados arriba con los representados abajo:

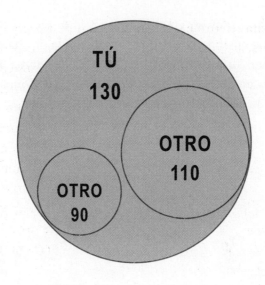

¿Qué sugiere la segunda ilustración sobre la relación entre tú y las otras dos personas? Dado que los otros dos círculos están dentro de tu círculo, esto sugiere que conoces todo lo que ellos conocen y algo más. Desafortunadamente, así es como solemos tratar a los demás. Si dirigiéramos a estas personas de acuerdo con el punto de vista representado en el segundo diagrama ¿cómo los trataríamos? Si alguna de estas personas fuese mi cónyuge o hijo, ¿cómo lo trataríamos? Según el diagrama, trataríamos a los demás como objetos que necesitamos para dirigir e impartir nuestra vasta y holística sabiduría. Habría poco provecho en pedirles su aporte, o incluso en escucharlos, salvo por un esfuerzo agraciado para hacerlos sentir bien. Es más, la inteligencia colectiva del grupo estará limitada por nuestra propia inteligencia. La inteligencia total posible de este grupo permanecería en 130 (nuestra propia inteligencia).

¿Alguna vez te has encontrado observando una situación de esta manera? ¿Acaso alguno de nosotros tiene toda la perspicacia, el conocimiento, la experiencia, la sabiduría y las características de

cualquier otra persona en el planeta? ¡Claro que no! ¿Cómo podemos decir que hemos tenido exactamente la misma experiencia
que cualquier otra persona? En cambio, un diagrama más preciso
se parecería un poco al siguiente (incluso otorgándonos a nosotros
mismos el beneficio de tener el círculo más grande):

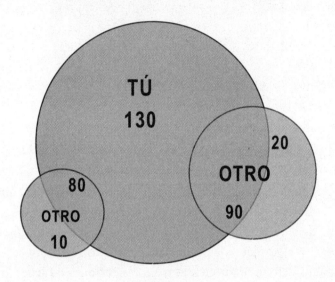

Examina por un momento las posibilidades representadas en
este tercer diagrama ¿Qué dice sobre el CI del grupo? Por ejemplo,
esto significa que el CI potencial del grupo puede ser de 160, si
pudiésemos recoger los puntos de CI que se encuentran afuera de
nuestro propio círculo. Si bien la diferencia entre un CI de 100 y
de 110 no es mucha, la diferencia entre un CI de 130 y de 160 sí
es extraordinaria. Aunque esta oportunidad de unir nuestros recursos está disponible para nosotros en toda interacción humana,
¿por qué nos resistimos a capitalizar el CI colectivo que nos rodea?
La mayoría de personas logran cualquier éxito que experimentan
en su vida con base inicialmente en sus propios esfuerzos y duro
trabajo. Quienes logran aprovechar con eficacia el poder del grupo alcanzan niveles más altos de éxito.

Exploremos esta dinámica de grupo un poco más. Un grupo puede consistir en una pareja, una familia, amigos, socios de negocios, empleados o cualquier combinación de estas personas. He establecido algo que llamo "cerebro de confianza" en varios aspectos de mi vida. Uso el término cerebro de confianza, aunque muchos de estos grupos se pueden describir mejor como corazón de confianza. Confió en ellos por sentimientos, perspectivas espirituales y contribuciones no intelectuales. Tengo distintos grupos en los cuales me baso para asuntos personales, asuntos de negocios, asuntos familiares, asuntos financieros, etc. Algunos de ellos son grupos formales establecidos con relaciones formales, otros son sencillamente personas a las cuales respeto y en quienes confío. La mayoría de nosotros tenemos grupos así en nuestras vidas. Es de suma importancia que aprovechemos al máximo sus habilidades para contribuir a nuestro propio CI.

CAPÍTULO VEINTIDÓS

Creando un efectivo "cerebro de confianza"

Muchos años atrás, inicié la primera pequeña empresa que me pertenecía en su totalidad. Tenía solo veinticinco años cuando empecé *Brett Harward Consulting*. (Fui muy creativo en la selección del nombre). Mi compañía suministraba servicios personalizados de programación de computadoras para otras empresas. Poco tiempo después, pude contratar otros dos programadores y una recepcionista, y mi empresa había despegado y funcionaba bien. Yo era el programador jefe, el encargado de ventas, el personal administrativo y cualquier otra función que necesitara atención. Yo era muy buen programador y sentía que era mi principal virtud y ventaja competitiva como dueño de una empresa. Era mucho más débil en mercadeo, ventas, finanzas, recursos humanos y muchas otras de las principales áreas administrativas.

Como la empresa había despegado, consideré incorporar un socio que me ayudara a facilitar mi deseo de expansión. Entrevisté a varios socios potenciales con diversos antecedentes y habilidades técnicas. Mi decisión se redujo a dos personas: uno era un excelente programador que había dirigido el departamento de informática para un gran desarrollador; el segundo tenía un antecedente más orientado hacia la contabilidad. Aunque tenía una gran carencia de habilidades financieras y de contabilidad, me desilusionó la imagen que percibía de los tipos "nerds" de contabilidad (es decir cualquiera que tuviera más lápices en sus protectores de bolsillo que yo). Así que, por obvias razones, me enamoré y contraté de inmediato al programador, porque consideraba que él era como yo. Como me consideraba alguien inteligente y buen ejecutivo, sentía que otras personas como yo serían un importante atributo para mi empresa. Este programador y yo teníamos muchas cosas en común (como la habilidad de tener conversaciones completas en acrónimos) así que nos llevamos muy bien. Rara vez teníamos desacuerdos. Éramos excelentes en todos los aspectos técnicos de lo que hacíamos. Aplicábamos nuestras habilidades técnicas para resolver cualquier tipo de problema de negocios. Por ejemplo, nuestro enfoque para aumentar las ventas fue hacer que nuestro programa funcionara tan bien y tuviera tantas características, que las personas llegarían a nuestra puerta sin ningún esfuerzo relativo de ventas de nuestra parte. (Así es como los técnicos suelen abordar las ventas). Nuestro acercamiento al mercadeo fue describir por completo nuestras características técnicas, comenzando con aquellas que eran más difíciles de programar. Nuestra compañía continuó creciendo a pesar de nuestro desequilibrado equipo directivo.

Cuando llegó la hora de incorporar a otra persona, encontré a un brillante programador. Usando el diagrama de círculos, estaba creando algo similar a esto.

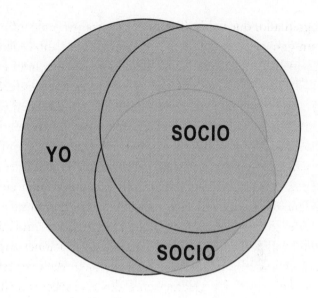

Observa que cuando creo un "cerebro de confianza" con personas de mentalidad y habilidades similares, la oportunidad de agregar más CI disminuye en gran medida. No solamente las habilidades eran parecidas, las personalidades también eran similares: optimistas, innovadores, no detallistas. Puedes imaginar el tipo de cosas de las que podíamos hablar. Siempre sentíamos que estábamos justo en la cima de un éxito considerable, que estábamos a muy pocas características de distancia de programarnos a nosotros mismos hacia la riqueza. Sobra decir que las fatales deficiencias de mi empresa apuntaban directo hacia mi falta de voluntad para incorporar, y beneficiarme de, una gran variedad de perspectivas y enfoques; en especial, de aquellas temidas áreas de contabilidad, ventas y mercadeo a las cuales me resistí con tanta avidez.

Veo que muchos cometen este error una y otra vez. Trabajo con muchos en la industria de la construcción y he notado este interesante paralelo. Los constructores que han ascendido a través de los cargos, usando una bolsa de herramientas, suelen rodearse de un equipo directivo que tiene un trasfondo de trabajo de campo. Los constructores que tienen preparación académica en la profesión de construcción también tienden a contratar personas del programa de administración de construcciones de la universidad local para llenar alguna vacante de gerencia. Ambos grupos tienden a duplicarse una y otra vez. Por esta razón, no me sorprende que la mayoría de estas compañías tengan debilidades en las otras áreas que son de igual importancia. Las personas con las que trabajo suelen rodearse de otros que comparten habilidades, ingresos, pasatiempos y personalidades similares. Por supuesto, este es un enfoque al que es difícil resistirse porque se siente fácil. No tenemos que trabajar mucho para apreciar y tolerar a quienes se ven como nosotros. Por naturaleza, somos más abiertos a incorporar lo que proviene de quienes consideramos similares a nosotros mismos. Y, por supuesto, es probable que ellos estén de acuerdo contigo la mayoría del tiempo.

En mi caso, solía buscar otros optimistas para impulsar mis ideas de negocio. Comenzábamos con una idea de un millón de dólares y, para cuando terminábamos nuestra propuesta optimista, teníamos una idea de muchos billones de dólares en nuestras manos con poco o ningún cambio en el núcleo de la idea original. Las discusiones sobre los riesgos y las amenazas nunca entraban en la ecuación. No queríamos ninguna lluvia pesimista en nuestro desfile optimista. Desde entonces, he aprendido mucho a apreciar el tener pesimistas (o "realistas" como ellos suelen llamarse a sí mismos) como parte de mis cerebros de confianza. Tengo tanto optimismo que se necesita un cuarto lleno de pesimistas para compensarlo, y lo necesito. Cuando los escucho con la intención de ser influenciado, he descubierto que tienen perspectivas de gran valor.

Así mismo, los pesimistas se verían beneficiados de tener la opinión de un optimista. A medida que aprendemos a identificar nuestras fortalezas y tendencias realistas, y nos rodeamos de personas que pueden desafiar esas tendencias, nuestras decisiones e inteligencia colectiva mejorarán. Algunas áreas que vale la pena incorporar a nuestros propios cerebros de confianza también pueden incluir personas innovadoras, detallistas, genios en sistemas, individuos enfocados en las relaciones, gente con mentalidad de ventas, introvertidos, extrovertidos, intuitivos, analíticos, creativos o personas orientadas hacia los resultados. Esos son solo algunos, pero como la mayoría de nosotros tendemos a sobrevalorar nuestras propias fortalezas y subestimar nuestras debilidades, vale la pena considerar cualquier cosa ajena a nuestra personalidad y nuestras habilidades.

Las personas promedio

Prefieren ser el profesor.

Las personas exitosas

Disfrutan ser el estudiante.

En una ocasión, tomé una prueba que medía las tendencias que las personas tenían en cuanto a ser orientados hacia la innovación o hacia la ejecución. La puntuación máxima en ambos lados era de 130 puntos. La mayoría de personas que tomaban la prueba obtenían una puntuación entre las dos áreas con una ligera inclinación hacia una de ellas. Tomé la prueba, y no me sorprendí cuando obtuve 130 hacia el lado de innovación en la ecuación, sabiendo que por lo general mi fortaleza es la imaginación y no soy muy bueno en los detalles. Uno de mis socios tomó la misma prueba y tampoco fue una sorpresa que obtuviera 130 en el lado de la ecuación que era más orientado hacia los detalles y la ejecución. Aunque nos podemos volver locos el uno al otro, somos grandes socios y tenemos un gran respeto mutuo por lo que cada uno aporta a la relación. Y nuestra tercera compañera aporta un conjunto muy diferente de habilidades a la mezcla. Ella añade la objetividad y enfoque en los resultados que es refrescante y nos mantiene en el camino cuando nosotros nos estamos ahogando en las emociones y las relaciones en determinada situación. Los tres puntos de vista son válidos y resultan mucho más eficientes cuando se combinan. Rara vez tenemos el mismo enfoque para algo. A menudo, no estamos de acuerdo, pero podemos anticipar problemas e innovar soluciones de una forma que nunca pude ver en mis primeros grupos de decisión. Y tenerlo de otra manera es una idea aterradora.

CAPÍTULO VEINTITRES

El poder
de sumar CI

El predictor más exacto de los acontecimientos futuros es, lo creas o no, el azar. Cuando los apostadores hacen apuestas sobre carreras de caballos o eventos deportivos, en esencia expresan sus opiniones sobre los posibles resultados. Por lo tanto, si un caballo arranca la carrera con una ventaja en las apuestas de 3 a 1, estadísticamente se puede prever con exactitud que ganará al rededor del 25% de las veces. Los apostadores de deportes profesionales ganarán las apuestas casi el 50% del tiempo. Las probabilidades realistas en las apuestas les deben su precisión al CI agregado de las masas. Como se apuesta dinero real, las personas se ven atraídas a expresar cómo se sienten sin la retórica que puede surgir cuando hay menos en juego.

La Universidad de Iowa estableció un foro de apuestas para que las personas apostaran sobre futuros políticos llamados los Mercados Electrónicos de Iowa (IEM). En un estudio, el IEM comparó sus resultados de apuestas con los resultados de 964 encuestas realizadas durante las elecciones presidenciales entre 1988 y 2004. El IEM (las apuestas) superó las encuestas en un 74%, y las superó 100% de las veces al hacer predicciones con más de cien días de antelación. Fue mucho más preciso en pronósticos a largo plazo que las encuestas, porque los que participaban tenían algo tangible en juego que aumentaba su honestidad. Y cuando había más personas participando en las apuestas, más certera era la probabilidad estadística de predecir un resultado. La forma de juego legalizado más grande del mundo es el mercado de valores. Es increíblemente predictivo del rendimiento futuro. Las acciones suelen ajustarse a interrupciones del mercado, incluso antes de que suceda la interrupción. Al igual que con las apuestas, este es un resultado de CI agregado.

En algunas de las sesiones de entrenamiento que realizo, uso un tarro de caramelos para demostrar cómo funciona esto. Cuando comienzo a hablar, hago circular un frasco grande de caramelos entre los asistentes, y le pido a cada uno que adivine la cantidad de caramelos que hay en el frasco. Subimos las apuestas diciendo que habrá valiosos premios para el ganador (el frasco entero de caramelos, de hecho). Algunos hacen cuidadosos cálculos matemáticos contando los caramelos que hay en el fondo y a los lados. Otros hacen cálculos según la cantidad de bolsas de caramelos que creen que pueden caber en el frasco. Hay quienes se dejan guiar por su instinto. Otros hacen salvajes conjeturas, fuera de rango. Sin importar los métodos que utilicen los participantes para llegar a sus cifras, una estadística permanece constante: más del 90% de las veces, el promedio del grupo es más certero que cualquier predicción individual en el grupo. Y cuando alguien logra superar al promedio del grupo, es casi siempre una casualidad que es poco probable que se repita en múltiples pruebas.

El CI grupal es siempre mayor que cualquier CI individual dentro del grupo.

Volvamos al diagrama circular:

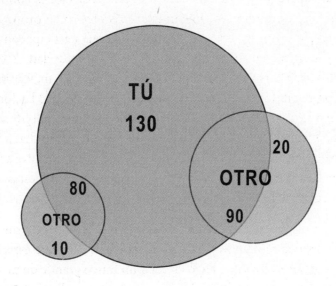

Mira las áreas en donde "lo que tú sabes", y "lo que otras personas saben" se solapa. Por supuesto, es ahí donde encontrarás un fácil acuerdo. Esa también es el área donde es probable que respondamos que ya sabemos algo, en caso de que quienes estén haciendo las sugerencias tengan la falsa impresión de que han aportado algo nuevo. Por lo general, cuando descubrimos algo que no sabíamos, gracias a alguien más (la parte fuera de tu círculo) no lo reconocemos de inmediato como un aporte valioso. Con demasiada frecuencia, sentimos la necesidad de rechazar la idea en un comienzo, porque proviene de fuera de nuestro círculo de conocimiento. No sabemos lo que no sabemos. Los grandes líderes entienden esto, y tienen el hábito de obtener puntos adicionales de CI al sumar su CI de grupo.

Aquellos grupos que limitan su CI según su integrante más inteligente (o no más inteligente) los he denominado "pequeños inteligentes". Ellos no aprovechan la ventaja de los puntos de CI que están disponibles para ser recogidos.

Los grupos y organizaciones de pequeños inteligentes tienen los siguientes rasgos:

- Las decisiones se toman con pocos aportes de los demás.

- El conflicto y el desacuerdo son considerados algo "malo".

- Los equipos son exclusivos. ("Ya tenemos suficiente información" o "no estás calificado", pueden ser sus frases más utilizadas).

- Los grupos de decisión son integrados por quienes tienen ideas afines y experticias similares.

- La mayoría de las decisiones son consideradas entre esto o aquello.

- El estado de experto tiene mucho peso.

Los grupos que pueden capturar el coeficiente intelectual del grupo, donde cada individuo busca los CI que los demás ofrecen, son llamados "grandes inteligentes". Los grupos y organizaciones de grandes inteligentes tienen las siguientes características:

- Los comentarios del grupo son bienvenidos, se buscan y se fomentan.

- Los conflictos y desacuerdos son vistos como "momentos de CI".

- Los equipos son inclusivos.

- Buscan la diversidad.

- La mayoría de las decisiones se ven como y / sí.

- Se respeta a las personas sin experiencia.

Además, las personas del tipo grandes inteligentes y pequeños inteligentes se distinguen por los siguientes criterios:

Pequeño inteligente	Inteligente grande
Supone que los demás no ven el panorama completo o se están pasando algo por alto.	Supone que él es el que no ve el panorama completo o se está perdiendo de algo.
Supone que el silencio significa que nadie tiene nada que decir.	Supone que el silencio podría significar que los otros están esperando que se les hagan preguntas.
Escucha con la intención de refutar o defender.	Escucha con la intención de ser influenciado.
Evita discutir las decisiones clave con quienes los rodean.	Busca la opinión de otros con frecuencia como parte del aprendizaje.
Evita discusiones que pueden producir conflicto o desacuerdo.	Ve el desacuerdo y conflicto como oportunidades.
Confía en el compromiso y consenso.	Encuentra la tercera dimensión de las soluciones cuando es posible.

Las personas promedio

A menudo ven a los demás como competencia y adversarios.

Las personas exitosas

Siempre buscan cómo hacer que los demás sean sus aliados.

La primera diferencia indicada en esta tabla es algo transforma-
dor. Cuando nos encontramos con puntos de opinión, desacuerdo o confusión, podemos comenzar con una de dos suposiciones.
Podemos suponer que la otra persona o el grupo están pasando
algo por alto o podemos suponer que el desacuerdo significa que
nos estamos perdiendo algo. Cuando pensamos que nos estamos
perdiendo del algo, en lugar de considerar que la otra persona está
pasando algo por alto, escuchamos mejor, aprendemos más y, de
hecho, a menudo descubrimos que éramos nosotros los que estábamos ignorando algo. Cuando escuchamos a los demás y pres-
tamos atención a lo que dicen, explorando puntos que podemos
ya haber considerado, tenemos una excelente oportunidad para
verificar si las conclusiones a las que hemos llegado son sólidas.

CAPÍTULO VEINTICUATRO

Seis indicadores de potenciales puntos de CI

Veo los puntos de CI como unos pequeños (o grandes) trozos de inteligencia dispersadas alrededor de todos nosotros y que podemos inclinarnos a recoger o pasar de largo porque sentimos que ya tenemos suficiente. Recogerlos requiere esfuerzo, incluso disposición a herir nuestros egos. Pero cuando sopesamos nuestras visiones frente a la posibilidad de ver herido nuestro ego con alguna regularidad, la mejor opción nos parecería obvia. He compilado una lista de momentos, según la experiencia personal, en los que deberías considerar prestar especial atención, porque son momentos que, con seguridad, ofrecerán puntos de CI. Si los incorporas a tu estilo de gestión y a sus relaciones, notarás una diferencia garantizada.

Podemos ganar puntos del CI cuando:

1. Nos vemos desafiados, criticados o a la defensiva. Esto es cuando la mayoría de personas se dejan caer y se encierran en sí mismas. Con mucha frecuencia, pensamos que es más importante tener la razón que entender bien. Creemos que nuestro círculo es lo suficientemente grande como para manejar la situación. Así las cosas, nos encontramos diciendo: "no es tu decisión" o "no me digas qué hacer". En cambio, cuando nos veamos desafiados o a la defensiva, podemos reconocer que tenemos una oportunidad para recoger algunos puntos de CI. El estar a la defensiva es un indicador de que estamos corriendo el riesgo de pasar por alto información importante o la oportunidad de mejorar. Es más, esto les comunica a los demás que es mejor no ser honestos con nosotros, porque de otra forma sería demasiado inseguro.

En consecuencia, los estamos entrenando para morderse la lengua o para que nos mientan. Si animamos la honestidad y la contribución, y nos comportamos como si de verdad eso es lo que queremos, ellos serán consecuentes y no lo lamentaremos.

2. Nos encontramos en gran desventaja ante determinado problema. Como dueño principal de varias empresas, a menudo tengo la oportunidad de encontrarme con mis socios minoritarios. Esto a veces crea conflicto, porque el derecho de voto no es igual al número de personas que votan. En otras palabras, si poseo el 90% de la compañía y tengo dos socios, entonces mi 90% será suficiente para ganar una votación frente a las otras dos personas que poseen el 10%. Por lo general, hay una buena razón por la cual soy el propietario del 90% del negocio y tengo la responsabilidad de proceder según lo que siento que es el mejor interés para la compañía. Sin embargo, también tengo señales de alarma que se encienden cuando tengo una considerable cantidad de votos en contra ante determinada situación. He encontrado que esto puede significar que estoy cometiendo un error o que no estoy viendo el cuadro completo. En los casos donde procedo con una decisión a pesar de haber tenido una gran cantidad de votos en contra, necesito asegurarme de haber dejado mi ego a la entrada.

3. Solo una persona lo ve de forma diferente a como lo vemos nosotros. En una ocasión, hice parte de Junta Directiva para cierto grupo sin fines de lucro.

Aunque los que integraban la Junta eran buenos amigos míos, el consejo estaba dividido en dos grupos bien definidos. Para fines de esta explicación, me referiré a ellos como los "empresarios", aquellos que tenían posiciones de mando, eran relativamente ricos y abarcaban gran parte de la conversación, y los "planificadores de barbacoa", aquellos que, por lo general, se encargaban de los eventos, organizar campañas telefónicas y rara vez ofrecían su opinión en nuestras reuniones. Podrías adivinar que yo hacía parte del grupo de los empresarios, y que los planificadores de barbacoa quizás le habían puesto unos nombres diferentes a cada grupo. Quizás se referían a nosotros como los del "ego crecido" o el "grupo de los ricos". Estoy exagerando la división entre los dos grupos para afianzar esta ilustración, aunque sí había una división clara en nuestras reuniones de la Junta.

Durante una de nuestras reuniones, alguien propuso una actividad de la recaudación de fondos para un grupo exterior. No teníamos muchos detalles sobre este grupo, pero ellos querían usar nuestra organización sin fines de lucro para recaudar dinero exento de impuestos de donantes y luego canalizarlo de nuevo hacia su proyecto comunitario. Con ese acuerdo, nosotros obtendríamos publicidad. Después de un par de minutos de discusión, trece de los que estábamos presentes votamos sobre el proyecto propuesto. El voto era doce a favor y uno en contra de permitir que ese grupo externo usara nuestra organización sin fines de lucro para recaudar fondos. El voto en contra venía de alguien que hacía parte del grupo "planificador de barbacoas". Mi instinto fue seguir adelante, puesto que era claro que nadie de ese lado del consejo tenía suficiente experiencia o conocimientos de negocios como para afectar nuestra decisión.

Sin embargo, ya había estado trabajando en esta regla, y la única persona que había votado en contra, y que hasta ese momento no había hablado, despertó mi curiosidad. Detuve la discusión por un segundo y le dije: "Debo estar perdiéndome de algo. ¿Por qué votase en contra de esto?". Ella contestó, "hemos gastado mucho dinero para tener una buena posición como entidad sin ánimo de lucro y creo que no tenemos suficiente conocimiento en cuanto a este proyecto y su uso de fondos como para aprobar esto ahora mismo. No quiero poner en peligro nuestro estado de entidad sin ánimo de lucro". Quedé confundido; ella tenía mucha razón. Volvimos a votar y decidimos suspender la decisión con un voto de trece a cero. Tiempo después, la contraté a ella como consultora para mi compañía. Ella era mucho más que una planificadora de barbacoas.

4. No queremos discutir una decisión con nadie más. A veces, nos encontramos ocultando decisiones a los demás. Aunque algunas decisiones deben ser confidenciales, es tentador mantener las cosas en secreto cuando sabemos que no podemos enfrentar el reto. Cuando nos damos cuenta que no queremos que nadie sepa cierta decisión, esa decisión se vuelve muy sospechosa.

En una ocasión, decidí contratar a un nuevo empleado para una posición clave en mi empresa. En principio, me sorprendió recibir tantos rechazos de parte de quienes me rodeaban. Mis socios estaban preocupados por esa contratación. Mi esposa también estaba muy preocupada. Varias personas me dijeron en privado que esa persona me criticaba mucho a mí y a mi empresa, y que lo que decía en las reuniones de gerencia era completamente diferente de lo que estaba diciendo fuera de las reuniones cuando yo no estaba presente. Cuando me veo desafiado, por lo general respondo con "no es asunto tuyo" o "no estoy pidiendo tu opinión sobre esto". Me llovieron críticas de diferentes ángulos, así que decidí ocultar mis planes de extender las funciones de esa persona, porque no sentía que valía la pena enfrentar tanto rechazo de los demás integrantes de mi equipo. Justifiqué mis decisiones diciéndome que yo juzgaba el carácter mejor que todos los que me rodeaban. Para justificarme por la resistencia a la retroalimentación de mis socios, me dije que ellos juzgaban y tenían celos de que una nueva persona llegara a una posición importante en nuestra empresa. Mi rechazo a involucrar o informar a otros acerca de mis decisiones con respecto a esta persona solo empeoró las cosas. Veía la decisión como mi prerrogativa y como asunto mío a pesar de su impacto sobre los que me rodeaban y el efecto negativo en la moral general de mi organización. Yo estaba más preocupado por no estar equivocado, así la evidencia ya comenzaba a sugerir que había cometido un error. Me aferré y me comprometí más con mi posición. Como usted podrán suponer, en su momento se hizo evidente que la decisión había sido una de las peores decisiones de contratación que había realizado.

5. Nos encontramos evitando hablar sobre una decisión o curso de acción con ciertas personas. Cuando nos encontramos queriendo discutir una decisión solo con personas afines, es mejor ser cuidadosos. Por el contrario, deberíamos hacer todo lo posible para discutir ideas con aquellos que probablemente no estarán de acuerdo. Su aporte es invaluable.

Cuando comencé a escribir este libro, me encontré teniendo que trabajar en este aspecto. Quería que lo leyeran quienes hubiesen demostrado estar de acuerdo con el contenido. Quería que la gente estuviera de acuerdo en que era un gran concepto y una herramienta brillante, y buscaba a esas personas, ignorando a quienes, a mi parecer, tal vez no lo "entenderían". Cuando reconocí lo que estaba haciendo, comencé a hacer un esfuerzo deliberado por obtener contribuciones de personas que sentía que no les agradaría o que preferían ideologías diferentes a las mías. Resulta que esas personas fueron las que dieron la mejor retroalimentación. Me hicieron explorar con mayor profundidad algo de lo que estaba enseñando. Ellos cuestionaron muchas de las premisas que yo proponía, considerándolas obvias, y me hicieron encontrar ejemplos e historias que ilustraran mejor los puntos que quería indicar. Al leer este libro, estás recibiendo y beneficiándote de gran parte de sus opiniones.

6. Sentimos que otra persona no tiene nada que enseñarnos. Todos los días tenemos oportunidades de prejuzgar a los demás y considerarlos incapaces aportar algo de valor a nuestras vidas. Podemos clasificarlos según su salud, edad, ingresos o apariencia. Tiramos al bebé con el agua de la tina cuando hacemos esto. He aprendido algunas valiosas lecciones sobre los negocios de algunos de los clientes más infructuosos que he tenido. He aprendido algunas lecciones poderosas sobre cuidar y amar a los demás con los criminales que han asistido a seminarios que he dictado.

Cada vez que te encuentres rechazando a alguien porque no tiene nada bueno que ofrecer, desconfía de tus motivaciones. Todos tenemos puntos de CI que podemos ofrecer en algún momento. Quienes todo el tiempo están buscando oportunidades para obtener puntos de CI terminan siendo mucho más inteligentes que incluso los más brillantes que caminan solos. Después de todo, un verdadero mar de la humanidad se extiende entre cada uno de nosotros y nuestra visión. También podemos zambullirnos en él.

Aplicando la ley de liderazgo

Para ver las áreas en las que puedes aplicar la ley de liderazgo, considera las siguientes preguntas:

¿A quiénes involucro con frecuencia en mis decisiones importantes? ¿Cuál considero que es su objetivo cuando los involucro? ¿Veo que el propósito de los demás es aprobar o estar de acuerdo con mi decisión o quiero saber y escuchar lo que realmente piensan? Tengo un amigo que me hace reír cada vez que llama. La conversación suele ser algo como esto: "Estoy pensando en trabajar con esta empresa y estamos preparando un contrato. Pienso estructurarlo así. ¿Qué opinas?". Cuando digo: "yo acortaría el plazo de tiempo, lo enlazaría con los resultados, aseguraría y explicaría en detalle las expectativas", ya conozco su respuesta. Él dice: "Me gusta tener más tiempo" o "todavía no sabemos en realidad qué resultados queremos". A lo cual yo digo: "Genial, suena como si lo tuvieras bajo control", y cuando finaliza la llamada, siento que fue una completa pérdida de tiempo. Cuando esta persona llama, ahora sé que lo que él quiere que diga es que su idea es genial. Sin embargo, desde mi perspectiva, ni siquiera me interesa si él está de acuerdo conmigo o si decide aceptar mi consejo. Todo lo que él tiene para decir es "gran aporte" y yo consideraría que nuestras conversaciones valen la pena.

¿A quién evito al tomar decisiones importantes?

Cuando cometo errores ¿qué tendencias se han convertido en patrones? ¿Cuáles son mis "ismos" (optimismo, pesimismo, pacifismo, fanatismo, victimismo, idealismo, etc.)? ¿A quién conozco que pueda compensar mis "ismos" personales?

Desafío: Toma un tema o área actual en el que quieras aumentar tus perspectivas. Puede ser una relación, tus finanzas, tu espiritualidad, tu salud o alguna otra área. Busca a dos personas con las que puedas discutir al respecto. La primera persona debe ser alguien que esperas que tenga puntos de vista similares a los tuyos. La segunda debe ser alguien que consideras que tiene puntos de vista opuestos. Debes dejar tus ideas fuera de la discusión. El propósito de la conversación es solo aprovechar cualquier perspectiva que la otra persona tenga. Por ejemplo, si eliges lo espiritual, la primera persona podría ser alguien que tenga creencias espirituales muy similares, mientras que la segunda puede ser un pastor, sacerdote, monje o miembro de una secta, fe o un sistema de creencias completamente diferente. Tu trabajo en ambas conversaciones es escuchar y entender por completo lo que la otra persona opina. Observa cuál conversación produce más perspectivas. ¿Cómo se expandieron tus puntos de vista a raíz de esas conversaciones?

CAPÍTULO VEINTICINCO

Aplicando las 5 leyes: Segunda Ley de movimiento de Newton

En la sección 1 discutimos la Primera Ley de movimiento de Newton, la cual establece que los objetos en reposo permanecerán en reposo, mientras que los objetos en movimiento permanecerán en movimiento a la misma velocidad y en la misma dirección, a menos que sobre ellos actúe una fuerza desequilibrada. Vimos cómo esta ley se aplica a personas, organizaciones y grupos, así como se aplica a los objetos. Las 5 leyes que has leído en este libro (la serie progresiva de pasos que trabajan juntos para cambiar y mejorar los resultados de la vida) corroboran a Newton. Su segunda ley, de hecho, funciona como otra ilustración particularmente útil de cómo las 5 leyes pueden trabajar juntas para nuestro beneficio. Esta ley es la ecuación F=MA, fuerza es igual a masa multiplicada por aceleración. Para reafirmar esta ley y cómo puede aplicarse a las personas, la fuerza puede ser sinónimo de impacto, influencia o éxito.

¿Cómo afectamos la fuerza según la masa y la aceleración? Podemos construir masa al incorporar las perspectivas, y acumular participación y apoyo de otros. Los altos niveles de éxito requieren el valor de masa que depende del apoyo de otros. Como lo expresé antes, entre nuestras visiones y nosotros se encuentra un "mar de humanidad". Esto incluye nuestras relaciones significativas, hijos, familiares, compañeros de trabajo, amigos, comunidades, gobiernos, clientes, vendedores y muchos otros que pueden unirse a nosotros para avanzar hacia nuestra visión o bloquearnos en cada circunstancia. Llegar a tener gran inteligencia, eliminar el arrastre y aumentar nuestro cociente de valor puede activar el proceso del incremento de masa en nuestras vidas.

A medida que desarrollamos masa (como "masas" de personas), también debemos desarrollar aceleración, es decir, frecuencia, estableciendo mediciones, dejando atrás lo malo, aceptando la retroalimentación y superando la necesidad de tener la razón. Al combinarlas, la masa (el apoyo de otras personas) y la aceleración (la frecuencia), estas logran un impacto exponencial la una sobre la otra, teniendo así un efecto multiplicador sobre cada una. Esta combinación de las dos constituye el medio más rápido y más eficiente para alcanzar los resultados deseados en la vida. A continuación, he delineado una serie de preguntas adicionales que pueden aclarar áreas en las que se pueden aplicar las 5 leyes para ganar masa y aceleración, conduciendo así a la realización de tu visión.

La ley de la visión

¿Qué resultado espero obtener de esta situación, relación o área de mi vida?

Si no puedes responder con claridad a esta pregunta, entonces hazte estas preguntas:

¿Qué información o recursos me hacen falta que aclararían mi visión o resultado deseados? ¿Cómo puedo obtener esa información?

La ley de frecuencia

¿Qué indicadores me dirían que voy por el camino correcto con mi visión? ¿Cómo me sentiré cuando alcance mi visión?

¿Cuáles son algunos posibles puntos de partida o métodos que podría utilizar para avanzar hacia mi visión? ¿Qué puedo hacer hoy?

Tan pronto como veas tres o cuatro formas de alcanzar un objetivo, entonces las posibilidades y la creatividad pueden comenzar a fluir. Si te encierras tú mismo en una sola dirección, inevitablemente estás excluyendo a demasiadas personas y posibilidades. Adquiere el hábito de ver opciones no solo en lo que puedes hacer, sino cómo te sentirías con respecto a algo. Un buen ejercicio es encontrar una opción y luego determinar lo opuesto como otra opción. Por ejemplo, si te sientes controlado o invalidado, puedes mirar la misma circunstancia en la que estás y considerar si existe la posibilidad de que de verdad estés siendo amado y apreciado. Cuando mi esposa me dice que baje la velocidad cuando estoy conduciendo, ella puede hacerlo, porque piensa que soy un tonto y un terrible conductor. Sin embargo, lo más probable es que se preocupe mucho por mí y no quiere que ocurra algo malo.

Puedes tener el producto más costoso en el mercado o puedes tener el producto menos costoso. Cualquiera sea el caso, tomarás mejores decisiones si consideras todas las opciones. Las siguientes son otras preguntas adicionales que puedes plantearte:

¿Tengo cinco, diez o veinte estrategias, tácticas o mecanismos que puedan funcionar alcanzar lograr el resultado que quiero?

¿Cómo voy a medir si voy por el camino correcto o no? Si no voy por el camino correcto entonces, ¿qué haré?

La ley de la percepción

¿De qué manera puedo obtener información de otros para saber cómo estoy y en qué área podría mejorar?

¿Cómo puedo cuantificar las retroalimentaciones que recibo?

¿A quién puedo involucrar en mi cerebro de confianza?

¿Hay alguien con quien no quiero hablar de mi visión o que no quiera incluir en mi cerebro de confianza? ¿Cómo podría beneficiarme si involucrara a esa persona? ¿Qué idea podría aportar?

¿Qué ven los demás en mí que pueda interponerse en mi camino?

La ley de la responsabilidad

¿Qué puedo hacer para responsabilizarme y rendir cuentas sobre lo que me impide tener lo que quiero?

¿A qué personas o circunstancias estoy culpando por mi falta de éxito y cómo puedo ver esos problemas desde una perspectiva responsable?

¿Por qué no he alcanzado mi meta todavía? ¿Qué parte de mí necesitan cambiar para lograr ser esa persona que alcance mi visión?

¿A quiénes estoy mirando que ya estén alcanzando los niveles que quiero alcanzar? ¿Qué puedo aprender de esas personas?

La ley del liderazgo

¿Quién más podría contribuir a mi visión o ayudarme a encontrar los posibles caminos hacia mi visión?

¿Cómo puedo involucrarlos?

¿Qué tendencias tengo que constantemente crean prejuicios o puntos ciegos?

¿Qué tipo de personas compensarían mis tendencias personales y a quiénes conozco que podrían ocupar algunos de esos puestos en mi grupo personal de asesores?

Para aplicar las 5 leyes en tu carrera, deberías hacerte las siguientes preguntas:

¿Dónde me gustaría estar en cinco años?

¿Cuáles son las tres estrategias que podrían llevarme allá?

¿Qué información adicional necesitaría para llegar a donde quiero llegar con mi carrera? ¿Cómo puedo obtener esa información?

¿Qué habilidades adicionales necesitaría para estar donde quiero estar? ¿Cómo puedo desarrollar esas habilidades?

¿A quiénes necesito involucrar o persuadir para poder llegar a donde quiero estar en cinco años?

¿Con quién puedo hablar de mi visión, de tal forma que pueda ayudarme a rendir cuentas en el proceso de alcanzar mi visión?

¿Cuáles serán los indicadores a lo largo del trayecto que me mostrarán si voy por buen camino? ¿Tengo objetivos definidos y cómo voy a medir mi progreso? ¿Cuáles son los medidores financieros que indicarán el valor que estoy creando y el camino que estoy siguiendo?

¿Qué es lo que mis jefes, compañeros de trabajo y subordinados quieren de mí? ¿Cómo creo el máximo valor para ellos? (No adivines ni asumas, pregúntales y dales opciones).

¿Cuáles son mis conductas, destrezas, habilidades o formas de ser, que otros pueden percibir como obstáculos en mi camino? ¿Cómo compenso, adopto, corrijo o ajusto esas conductas?

¿Qué se ha interpuesto en mi camino (¡sé responsable!) y ha impedido que alcance mis metas? ¿Cómo permití o creé los resultados que estoy experimentando ahora?

¿Quién podría apoyarme en mi visión, mis metas y mis objetivos? ¿Cómo puedo incorporar sus ideas a mi progreso?

¿Cómo puedo responsabilizarme por lo que se ha interpuesto en mi camino en el pasado y hacerles saber a los demás que lo reconozco?

¿Qué puedo cambiar para obtener mejores resultados?

¿Tengo una declaración de propósito personal?

El siguiente es un ejemplo de cómo una persona podría aplicar las 5 leyes:

En este momento, soy asistente administrativo. La visión que tengo es, en un plazo de cinco años, llegar a ser el gerente del departamento de mercadeo de la compañía en la que trabajo. Para asegurarme de que voy por el camino correcto, establecí los siguientes puntos de referencia: llegar a ser un líder de equipo dentro de los próximos doce meses contando a partir del día de hoy; ser el supervisor de departamento dentro de los próximos veinticuatro meses; y, para el 31 de diciembre haber logrado un aumento de mi sueldo actual, pasando de dieciséis dólares por hora a veinticuatro. Aumentaré mi valor en al menos un 50% mediante un enfoque mucho más alto en mis resultados finales. Mis destrezas de comunicación son débiles y tiendo a bajar las manos cuando me encuentro ante un obstáculo. Me comprometo a ser más paciente; también tomaré las clases de oratoria que me recomendó mi jefe dentro de los próximos treinta días. No estoy seguro de cuáles son las habilidades que busca la compañía para un cargo de gerente. Me encargaré de hablar con al menos dos gerentes en los próximos dos días para recopilar sus ideas acerca de lo que podría necesitar para mejorar mis destrezas y tener más probabilidades de llegar a un cargo de gerente. Sé que tengo deficiencias en finanzas y matemáticas, y para llegar a ser gerente, debo entender y aplicar los números mejor de como lo hago ahora. Tomaré clases de contabilidad el próximo semestre en la universidad local para poder manejar mejor los números. Me inscribiré antes del viernes al mediodía.

Otros tienden a verme como tímido, negativo, perfeccionista y como alguien que necesita ser dirigido en todo. Incluso he oído que me han descrito como alguien arrogante y distante, y he podido ver que otros lo notan en la manera como trato a los demás. Me comprometo a esforzarme por ser un mejor comunicador, orientándome a dar soluciones, ser persistente y a mandar el balón al fondo de la red. No sé muy bien qué otras cosas los demás puedan ver que se esté interponiendo en mi camino. Me comprometo a preguntarles a cinco personas esta semana, para así tener una mejor idea de qué cosas me pueden estar afectando. Crearé un grupo de asesores, quienes serán mi cerebro de confianza, para compensar las tendencias que se interponen en mi camino. Bill estará en mi grupo de cerebro de confianza, en especial para añadir un poco de optimismo, y me comprometo a, por lo menos, intentar ver su punto de vista optimista para compensar mi tendencia a ver lo negativo de las cosas. Le daré permiso de llamarme la atención en cuanto a mi pesimismo para así poder darme cuenta que estoy siendo negativo. Lisa también hará parte de mi grupo de asesores para añadir algo de innovación, ya que tiendo a fijarme demasiado en los detalles. Me comprometo a darle un informe mensual a mi jefe directo en el trabajo y a obtener una calificación numérica que evalúe cómo lo estoy haciendo. Mi objetivo es obtener 9 o más en una escala del 1 al 10 y me comprometo a cambiar las cosas de inmediato si comienzo a obtener puntajes más bajos. Estoy trabajando en no culpar a otros cuando no logro hacer mi trabajo. En lugar de eso, me concentraré en mi aporte a los resultados alcanzados por mí o por mi equipo.

En el corto plazo, quiero crear suficiente valor para obtener un aumento a dieciocho dólares por hora dentro de los próximos tres meses. También quiero cambiar de cargo y pasar de asistente administrativo a tener un puesto más práctico dentro de los próximos sesenta días o antes, si se abre una posición. Le haré saber a mi supervisor y a otras personas a dónde quiero llegar y pedirles su apoyo y contribución. También estoy trabajando en confiar en los demás y en mis habilidades para trabajar en equipo.

Si este fuese tu punto de partida, la trayectoria de tu carrera cambiaría dramáticamente. Mira todas las posibles oportunidades disponibles para el aprendizaje, crecimiento, cambio y para ver las cosas de forma diferente a como las veías antes. Mientras más corrijas el curso, recibas retroalimentación y reevalúes lo que estás haciendo, mayores probabilidades tendrás de mantener el rumbo correcto y alcanzar tu visión. Este enfoque también te da un sentido de madurez y objetividad que tanto se busca en el entorno empresarial de hoy.

Como el empresario o gerente, las 5 leyes se podrían aplicar de la siguiente manera:

¿Tengo una visión (misión/declaración de propósito) para mi compañía (departamento/división)?

¿Esta declaración de visión contiene un propósito claro y específico que contextualiza a la compañía más allá de solo enfocarse en lo que la compañía hace? (Compara "nuestro propósito es darle voz a la gente común", con "nuestro propósito es ser líderes en libros autopublicados"). El primero es mucho más poderoso y expansivo, el segundo es más vago y restrictivo).

¿Tengo un plan de negocios escrito que define los objetivos, estrategias alternativas, fortalezas, debilidades, oportunidades y amenazas que juegan un papel en cuánto exitoso tengo? (Te sugiero un fuerte enfoque en las debilidades y amenazas, ya que el verlas generará significativos y mejoras en el negocio. Yo uso una proporción 90/10, enfocando el 90% de mi plan de negocios en las debilidades y amenazas, y solo un 10% en las fortalezas y oportunidades).

¿Con quién debería compartir mi visión y mi plan de negocios? (Socios, gerentes, empleados, banqueros, vendedores, consejeros, consumidores, esposo/a). ¿He compartido mi visión y mi plan con ellos?

¿Puedo describir mi visión de una forma que exprese con claridad lo que quiero? ¿Cómo pueden apoyarme los que han escuchado, si así quisieran?

¿Cuáles son los objetivos y los puntos de referencia que me indicarán si voy por el camino correcto de mi visión?

¿Cuáles son mis metas de ingresos y rentabilidad financiera diaria, mensual, anual y en cinco años a partir de ahora? ¿Cómo puedo obtener esa información de forma precisa y frecuente, de tal forma que pueda corregir sobre la marcha si me estoy saliendo del rumbo trazado?

¿Qué otros puntos de referencia podrían ser buenos indicadores de que estoy en el camino (o no)? (Oficinas, sedes, empleados, clientes, penetración de mercado, productividad, satisfacción del cliente, tiempo de atención, premios, etc. —Recuerda establecer la unidad de medida y la fecha para cualquier punto de referencia).

¿Qué actividades o eventos alcanzarían buenos resultados de forma predecible? (Llamadas telefónicas a clientes potenciales, seguimiento, demostraciones, prueba de productos y/o servicios, unidades producidas, calidad, creación de redes, contactos, alianzas, etc.). ¿Cómo puedo planificar actividades predictivas cada hora, a diario o cada semana?

¿Qué hago cuando me encuentro desviado del camino? ¿A quién más debería involucrar? ¿Otros se han adherido a los objetivos que estoy procurando alcanzar?

¿Tengo un plan financiero o modelo (presupuesto) que respalde mi plan de negocios y mi organigrama? ¿Lo uso con frecuencia? ¿Me mantengo responsable frente a mis objetivos globales?

¿Tengo un reporte rápido que me muestre los indicadores clave para mi negocio o departamento? ¿Lo obtengo a diario o al menos semanalmente?

¿Existe una estructura formal establecida para recibir retroalimentación de parte de empleados, compañeros de trabajo, subordinados y gerentes?

¿He definido quiénes son los clientes de mi departamento o compañía? ¿Les he preguntado qué quieren y en qué debería enfocar mis recursos y esfuerzos? ¿Existe una estructura formal establecida para recibir y manejar la retroalimentación de los consumidores?

¿Uso con frecuencia y comparto la retroalimentación que recibo? ¿Soy renuente a la retroalimentación que recibo?

¿Comunico con claridad los beneficios de los consumidores y de los empleados por trabajar en mi empresa?

¿Humanizo a mis clientes y empleados o los trato como objetos que pueden contribuir o interferir con mi éxito?

¿He puesto por escrito las expectativas y los procedimientos para que los clientes y los empleados conozcan qué esperar al asociarse con mi empresa o departamento?

¿Practico el escribir las políticas y los procedimientos para evitar cometer los mismos errores una y otra vez? ¿Las personas siguen y aprenden de las políticas, procedimientos y procesos que he establecido?

¿Los empleados tienen instrucciones claras sobre sus cargos, descripciones de trabajo y medidas de desempeño que reflejan objetiva y acertadamente cómo están haciendo su trabajo sin una evaluación subjetiva? ¿Se mide el desempeño con frecuencia y se compara con claras expectativas de rendimiento?

¿Se realizan evaluaciones subjetivas de forma regular?

¿Mis compañeros de trabajo, subordinados y empleados se sienten valorados y escuchados? ¿Sienten que hacen la diferencia?

¿Suelo expresar gratitud a mis compañeros de trabajo y empleados?

¿Se les ofrece entrenamiento a los empleados y socios para potenciar sus destrezas y habilidades, y para proveerles herramientas que contribuyan a su desarrollo personal y al de la empresa?

¿Evalúo con frecuencia a los empleados como parte de un proceso consecuente en la empresa? ¿Las evaluaciones son cambiantes y cuantificables? ¿Los empleados participan compartiendo sus ideas, frustraciones, metas y recomendaciones en ese proceso?

¿Los empleados son recompensados con regularidad por sus contribuciones y mejoras que tienen impacto positivo en la empresa?

¿El proceso de ventas está diseñado para identificar qué valoran los consumidores? ¿Quién habla más? ¿Ellos o yo? ¿La experiencia del cliente es consistente tanto en ventas como en aspectos operativos de la empresa?

¿Estoy midiendo la satisfacción del cliente? ¿Estoy midiendo la satisfacción de mis empleados?

¿Existe una cultura de honestidad para con los empleados y consumidores, de modo que siempre sepan cuál es su posición?

¿Han sido definidos los roles de los empleados y consumidores, y se han comunicado de tal modo que los mantenga responsables con sus funciones?

¿La gerencia busca diversidad y diferencia de opiniones?

¿El equipo de gerencia tiene un plan para compensar las deficiencias de habilidades y comportamientos? Conforme voy contratando nuevos empleados, ¿soy consciente de las habilidades, puntos de vista e ideas que se pueden añadir al equipo de trabajo actual, en lugar de sumar más características similares?

¿He identificado mis tendencias y he sido proactivo en buscar gerentes y personas fuera de la empresa que puedan compensar mis tendencias de comportamiento y que al menos me den puntos de vista opuestos?

Cuando te encuentres en un problema, una disputa o un obstáculo, puedes utilizar las 5 leyes como guía para avanzar.

1. **Visión**: ¿Cuál es tu visión?
2. **Frecuencia**: ¿Cómo puedes saber si estás manteniendo el rumbo? ¿Qué haces cuando te desvías?
3. **Percepción**: ¿Quién más puede darte otra perspectiva acerca de cómo lo estás haciendo?
4. **Responsabilidad**: ¿De qué acciones o resultados eres responsable?
5. **Liderazgo**: ¿Qué recursos, información y personas a tu alrededor, no estás usando con eficacia hoy?

Epílogo

A la edad de 32 años, Thomas Miko Baynes ya había alcanzado un éxito considerable. Él estaba felizmente casado y tenía dos hijos pequeños que eran su alegría y orgullo. A una temprana edad, Thomas había desarrollado una cosmovisión madura y bien ajustada que lo hacía sobresalir entre sus amigos. A sus diecinueve años, Thomas empezó a trabajar por su propia cuenta. Comenzó limpiando sitios de construcción en las tardes, después de su trabajo regular administrando un puesto de comida rápida local. En el plazo de un año, varios contratistas regulares usaron sus servicios, así que contrató a algunos de sus amigos para que lo ayudaran en las labores de limpieza de las obras de construcción.

Se podría decir que Thomas no comenzó con muchas ventajas financieras. Pero estaba decidido a alcanzar un nivel de independencia financiera que le permitiera explorar un poco el mundo. Aunque no estaba seguro de cómo lograría esa meta cuando comenzó su modesto servicio de limpieza, se emocionaba al hablar con los contratistas generales y capataces con los que trabajaba. Él escuchaba atentamente cuando ellos describían sus problemas con los desperdicios, los ladrones y la pérdida de la eficiencia como resultado del mal manejo de los sitios de trabajo. En poco tiempo, una idea comenzó a tomar forma.

Más de una década después, Thomas ya era dueño de 1.500 unidades portátiles de almacenamiento de desperdicios y más de 600 basureros. Había construido una compañía con una reputación de excelencia y una larga lista de espera por sus servicios. Había encontrado una especialidad única en su mercado local y estaba supliendo una necesidad que por mucho tiempo había pasado desapercibida. Con todo, su negocio no siempre prosperó.

Su optimismo casi lo deja en la bancarrota cuando extendió en sus primeras compras de contenedores de carga. Para su fortuna, después de un tiempo de ensayo y error, mirando muy de cerca, pudo aprender de sus errores. Pudo remediar su falta de experiencia financiera incorporando a un compañero que tenía un mejor antecedente financiero que él. Se había propuesto reunir un gran equipo de directivos y empleados en los que podía confiar para dirigir la empresa mientras planeaba su siguiente movimiento. Se había casado con su hermosa esposa a mediados de sus veinte y, como ambos se comprometieron a hacer grandes ajustes en varios comportamientos, su matrimonio se hizo más fuerte que nunca. Ambos habían madurado rápido en la manera como se trataban entre sí y trabajaban juntos en su matrimonio.

Ahora, Thomas se encontraba en la última etapa de unas largas vacaciones. Había viajado por toda Europa con su familia al inicio del viaje, pero tenía un recorrido personal que quería hacer solo al final. Siempre había querido visitar a su patria ancestral localizada en el corazón de Uganda. Quería establecer alguna conexión con la gente y los lugares de los cuales había oído en historias cuando era niño, historias que habían pasado de generación en generación. Lo que más golpeó a Thomas cuando llegó por primera vez a Uganda fue presenciar las escenas aparentemente interminables de pobreza y sufrimiento. Al principio, su corazón se hundió en desespero por esa experiencia, solo para encontrar alivio en la admiración por el espíritu, la fuerza y hasta el humor de la gente de Uganda. Thomas estaba bien enterado del pasado turbulento de su país, lleno de guerras, corrupción e inestabilidad política. Él también era consciente de las prometedoras señales que indicaban una potencial recuperación política y económica.

Thomas utilizó la primera parte de su visita a Uganda explorando las junglas montañosas y los bosques lluviosos tan abundantes en toda el área occidental de su hogar ancestral. Ahora se encontraba cerca de una sabana que contrastaba con las regiones de bosques montañosos que había visitado pocos días atrás. Estaba arrodillado ante lo que debió ser un antiguo abrevadero. Eso generó una gran impresión en Thomas. Aunque no era muy grande, a solo unos pocos metros, el agua cristalina parecía emerger de la nada sobre la base de tres piedras de granito gigantes.

Mientras Thomas estaba ahí sentado en el silencio de la mañana, su mente comenzó a deambular de atrás para adelante entre sus ancestros y los habitantes de Uganda de la actualidad. Comenzó a preguntarse, qué les había enseñado la vida a sus antepasados, y si esas lecciones podrían ser aplicables a la población actual, tantos de ellos viviendo en condiciones desesperadas. Sobre todo, la pregunta, "¿cómo puedo ayudar?", resonaba en su cabeza. Al estar sentado donde lo estuvo un sabio ancestro de generaciones pasadas, esperando pacientemente la aparición de un desafío, Thomas experimento algo similar. Él había capturado una nueva visión para sí mismo.